El Diario de las Frases

Yahvexill Across

Reservados todos los derechos. No se permite la reproducción total o parcial de esta obra, ni su incorporación a un sistema informático, ni su transmisión en cualquier forma o por cualquier medio (electrónico, mecánico, fotocopia, grabación u otros) sin autorización previa y por escrito de los titulares del copyright. La infracción de dichos derechos puede constituir un delito contra la propiedad intelectual.

Ibukku es una editorial de autopublicación. El contenido de esta obra es responsabilidad del autor y no refleja necesariamente las opiniones de la casa editora.

Publicado por Ibukku
www.ibukku.com
Diseño y maquetación: Índigo Estudio Gráfico
Copyright © 2019 Yahvexill Across
ISBN Paperback: 978-1-64086-347-7
ISBN eBook: 978-1-64086-348-4
Library of Congress Control Number: 2019939417

ÍNDICE

INTRODUCCIÓN

CAPÍTULO 1
ALBORADA — 7

CAPÍTULO 2
PECADO — 10

CAPÍTULO 3
AMOR — 12

CAPÍTULO 4
LÁGRIMAS — 16

CAPÍTULO 5
CAMINOS — 20

CAPÍTULO 6
FELICIDAD — 22

CAPÍTULO 7
OSCURIDAD — 28

CAPÍTULO 8
DECISIONES — 32

CAPÍTULO 9
VERDADES — 36

CAPÍTULO 10
IMAGINACIÓN — 41

CAPÍTULO 11
RECUERDOS — 44

CAPÍTULO 12
SUSPIROS — 49

CAPÍTULO 13
DIFERENTE — 53

CAPÍTULO 14
COMPRENSIÓN — 56

CAPÍTULO 15
DESTINO — 58

CAPÍTULO 16 ATARDECER	60
CAPÍTULO 17 NOSTALGIA	62
CAPÍTULO 18 MUERTE	67
CAPÍTULO 19 DOLOR	71
CAPÍTULO 20 VIDA	74
CAPÍTULO 21 SOLEDAD	78
CAPÍTULO 22 INOLVIDABLE	83
CAPÍTULO 23 SOÑAR	87
CAPÍTULO 24 CREER	92
CAPÍTULO 25 DÍAS	96
CAPÍTULO 26 FANTASÍA	100
CAPÍTULO 27 TEMOR	103
CAPÍTULO 28 PERDÓN	107
CAPÍTULO 29 OPORTUNIDADES	111
CAPÍTULO 30 SENTIMIENTOS	117
CAPÍTULO 31 NOCHE	126

INTRODUCCIÓN

30 de Julio de 2011.

Hoy le agradezco a esta fecha por escribir esto, por estar aquí. Me siento orgulloso, lleno de vida, satisfecho y principalmente feliz por realizar uno de mis sueños: un libro, mi libro, inédito aun y escribiendo estas letras ahora mismo. En estos momentos siento la metamorfosis, el estado de mi alma creciendo; absorbo experiencia de mis errores y de los que me rodean, haciendo que mi vida no trate sólo de mí, ya que antes era distinto, pues mis principios comienzan algunos años atrás, cuando escribí lo que a continuación precede:

28 de noviembre de 2008.

Mi vida… por un tiempo desequilibrada, yo callado explotaba por dentro siendo mi consejero, y mi único apoyo, mi propia sombra. Llorar en silencio por amor y arrepentimiento es lo más doloroso que puede sentir una persona y más alguien como yo. Lo tenía todo, tuve una infancia feliz, era un niño alegre, bello y enamorado, pero la adolescencia me convirtió en un ser autosuficiente, me sentía superior a todos y hacía burlas a los demás, conquistaba a las chicas más bellas, vivía mucho orgullo en mí, tenía el poder. Hasta que un día el destino lo cambió, la vida comenzó a cobrarme por esos lujos, me hizo ver que no estaba preparado para esa etapa, mi cuerpo experimentaba consecuencias inevitables, y para alguien tan superficial como era yo, hizo que deseara más de una vez vivir bajo una piedra, mi autoestima cayó al suelo siendo autor de varias locuras; ya no era yo. El niño bello y alegre, en un amanecer se sintió un adefesio triste.

El impacto de una historia de amor, la experiencia en la que más culpa llevo por jugar con sentimientos que no me pertenecían. En momentos donde todo me salía mal y aun no aprendía mi lección, me atreví a abandonar un corazón que pensé podía recoger después. Cuando me cansé de mi monótona vida de Romeo y decidí buscar ese amor, jamás creí el hecho cuando me rechazó. Demasiado tarde y sin vuelta atrás, mi desorbitada vida hundió mi alma en un mar de lágrimas insípidas y mi cuerpo se sumergió en lo más profundo de la oscuridad; ya no tenía el poder. El niño enamorado en un amanecer se volvió un corazón frío.

El tiempo me arrebató mis riquezas, mi nivel de vida, mis amigos, mi estado de ánimo, mis virtudes. El mayor enemigo del hombre es su propia mente, ahí es donde hay límites, pero aún no había aprendido eso porque ya no quedaba mente, sólo mi propia inercia y ya no había orgullo. El niño que lo tenía todo, en un amanecer, despertó sin nada.

Pero... todas las historias tienen altas y bajas y a la mía ya le tocaba subir. Hasta que llegó el momento, las ideas salieron a flote de aquella profundidad donde mi cuerpo sin alma yacía, surgiendo así el pensamiento maduro de mi propia experiencia. Me sentí diferente, pero no sólo del niño que era antes, sino de todos. Ahora soy yo; ya no miro la belleza de una mujer, admiro sus sentimientos; no quiero riquezas, las tengo en mi mente; no necesito el poder, yo soy el poder.

Éste es mi legado: el conocimiento de que la vida no se acaba mientras estemos vivos, pues tras un momento triste, siempre habrá un instante feliz y ése... es el que hay que vivir para recordar. Por eso decidí escribir parte de mi vida en frases y poemas, porque existen muchas razones para "El diario de las frases".

CAPÍTULO 1

ALBORADA

El día empieza inexperto porque todo principio lo es, pero luego se volverá poderoso pues, incluso antes de morir, ya habrá terminado muchas obras, mas mi libro comienza y termina así, porque como dice aquel viejo proverbio, que resalto, es lo único no creado por mí en esta historia: "A buen final no hay mal principio".

4 de octubre de 2011.

>Despertar solo en la mañana,
>   es tener un día sin deseos.
>Despertar contigo a mi lado,
>   es desear tener el día.

8 de octubre de 2010.

Mi ilusión

Desde que te vi,
supe que eras la ilusión
que tanto he soñado,
pues hiciste hablar a mi corazón
cuando yo estaba
callado en miedo.
Ya no puedo esperar
lo que tanto he de querer,
me encanta tu piel
y tus ojos claros,
tu cabello negro
como anochecer en brisa,
y esa bella sonrisa eminente
cuando se vuelve carcajada.
Mi paciencia se desplaza

por un manantial sin penas,
cuyo dolor hipnotiza
el miedo que no frena urgente.
Emerge la pesadumbre,
mas la costumbre alerta
lo que vi en el futuro,
que sin deseos no hay querer
y sin presente
no hay pasado que recordar,
pues tú eres mi legado
y mi más lindo amanecer.
A ti apelo en cada uno
de mis sueños,
nuestro destino esta sellado,
pues en cada uno
de ellos veo que eres mi reina
y yo tu esclavo.

27 de agosto de 2018.

Es difícil cuando pierdes por errores imperdonables a alguien que te amó y que aun amas; tu mundo se destruye, ves felicidad ajena a tu alrededor que te afecta, todos tienen su media naranja y a ti te falta entera, hay un vacío en tu vida y el dolor perdura. La solución: mañana habrá otro día, y sólo cuando seas capaz de perdonarte a ti mismo, serás perdonado por ese alguien y el mundo surgirá.

En 2008.

Mañana

Dejaste de verme el lunes
y me acostumbré el martes.
Me amenazaste el martes
y me ofendí el miércoles.
Me heriste el miércoles
y lo lloré el jueves.
Me odiaste el jueves
Y lo entendí ayer.
Dejaste de quererme ayer
y lo acepté hoy,
y si faltas de amarme hoy,
me moriré… pero mañana.

5 de octubre de 2011.

Observa de dónde nace la alborada, en el lejano horizonte que vuelve pálida la vista, que nubla los sentidos y encierra el silencio en tensión, pues llama al más perdido con señales de luz. Ahí, donde todo está calmado por un suspenso en espera; ¡calla! y observa, pues los primeros rayos del sol te los dedico a ti.

01:05 AM

CAPÍTULO 2

PECADO

1 de diciembre de 2008.

Nadie tiene derecho a perjudicar la vida de los demás, cuando se hace esto, se comete un pecado y la sentencia es el castigo. A veces demasiado odio te hace ver las cosas de un modo ignoto, y con esto sólo encuentras un camino para forjar tu destino, quieres mirar lo que está al frente y no ves lo que te rodea y te encierras en cometer un pecado mucho mayor, al que sólo tú le encuentras justicia.

Pecado

La luz es el camino
hacia la muerte.
La oscuridad es la versión
hacia ella.
La luna brilla
porque brilla el sol.
La tierra es caliente
y fría
porque existen los dos.
La doncella tiene hambre
y no ve otro camino
que saciarse de inmoralidad.
Determina mostrar
el valor de su carne
donde todos son carniceros,
cobrando por actos
que no quiere,
para restar prestigios
y sumar dinero.
Una pareja, un infiel;

ella traicionó a su hombre,
él nunca entendió el por qué,
pues fue bueno todo el tiempo,
ahora la hace sufrir
y la castiga,
pues en su teoría
paga doble
el que se equivocó primero.
Llora sangre el ángel
al ver la zurra que recibe
el yak gandul.
La pereza no es virtud,
no es defecto,
sólo es una posesión
difícil de liberar.
El zorro cayó en una trampa
y necesita ayuda,
casual pasa el gélido azor
que lo deja morir.
Exige renacer,
reencarna el zorro en hombre,
en cazador,
convierte su muerte en venganza
y su venganza en yugular
a su víctima inexorable.
Todos pecamos,
pero Dios nos perdona el pecado;
el Diablo…
nos perdona la muerte.

La venganza es lo más sinónimo al odio. No es fácil indultar a quien te hirió, si ese dolor es grande, la herida queda en un recuerdo permanente que se borra sólo con la muerte.

Tal vez, sí, "…paga doble el que se equivocó primero".

CAPÍTULO 3

AMOR

21 de enero de 2010.

El amor está hecho de mil perdones y de cien razones para comprender.

9 de diciembre de 2008.

Siempre aparece un alma grácil que te muestra el verdadero amor y un corazón garrafal que te hará sentirlo.

Las Siglas de Cristo

Dijo un ángel que el amor
inspira grandes sueños,
o los grandes recuerdos.
Soy dichoso, un obrador
y logro lo que incesante busco.
Defiendo lo bueno y lo malo,
importa fundamental lo justo.
Al alma soez que impele en vano,
bajel de corazones invictos,
las respuestas están en el mundo
o en las siglas que dijo Cristo.

Muchas personas no saben lo que es amar, sólo piensan en sí mismos, y para amar hay que pensar en otros. Amor no es sexo, es sentimiento; no existe amor a primera vista, es atracción. Sólo te enamoras si tienes buenos recuerdos de esa persona que mantienes en tu mente.

16 de octubre de 2009.

La llave

Existe una gran llave
que lo puede abrir todo,
pues no necesita ojos
para ver donde cabe.

Es la llave mera del amor
que implica las pasiones,
cerrojo de emociones
en la puerta del corazón.

Ningún cerrajero la hace
porque no tiene molde,
la llave siempre acorde
a lo que en su mundo pase.

Tenemos una auténtica,
mas esa llave se pierde,
y sin duda lo que duele
es que no tiene réplica.

Cuando se pierde el amor nunca se encuentra, porque el amor no se busca, se crea.

23 de marzo de 2011.

Eres bellísima hasta sin cordura, tu sonrisa levanta a los muertos y baja a los ángeles del cielo, tu mirada tienta a muchas caricias a oscuras y tu voz… tu voz es de las que hace desearte siempre a mi lado. Todos los días le pregunto a las estrellas donde estás; tú eres mi luna y yo soy tu sol esperando por un eterno eclipse. Cuando pienso en ti, mis problemas se van, pues yo te pienso tanto que sobran las soluciones, te quiero más que a mí mismo, tú me haces fuerte, porque quererte me da el motivo de luchar por algo.

9 de diciembre de 2008.

A Milagros:

Quisiera

Quisiera llorar en un lago
por algo inmenso que no hice,
pues no quiero ser el estrago
que hace tu corazón triste.

Quisiera caminar en círculos
por el aliciente cielo,
para no quedar en ridículo
cuando describa tu pelo.

Quisiera, calmado, estar solo
en un cuarto sin paredes,
para ser el único absorto
de lo tan hermosa que eres.

Quisiera luchar por algo
que no tenga sentido,
para sentir que sí valgo
cuando no estoy contigo.

Quisiera navegar por un río
en tus labios rojos carmín,
para no sentir el vacío
de aquellos besos que te di.

Quisiera nadar alelado
bajo de un mar exánime,
para que seas tú mi legado
en cada sueño unánime.

Quisiera las nubes negras
en una tarde fría,
pues eres tú quien alegras

todos mis malos días.

Quisiera andar atado
al confín del mundo,
porque eres mi pasado,
presente y futuro.

Quisiera renunciar al alma
que por orgullo no tengo,
para que sea audaz la manta
que cubra todos mis sueños.

Y todo porque quisiera
ante este problema añejo,
que seas la primavera
que me brinde amor de nuevo.

28 de noviembre de 2008.

Cuando amas a alguien eres capaz de darle tu vida, de hacer lo que sea sin importar los riesgos ni los obstáculos, pues tu instinto te hará realmente fuerte cuando sientas el cargo de proteger a esta persona.

Vivir de pasiones y no de nostalgia,
quien llora por amor, ríe de su dolor.

9 de diciembre de 2008.

El amor se escapa, pero vuelve.
El amor nunca se apaga, siempre está ahí.
El amor es la raíz de un nuevo corazón.
El amor es el alimento que necesita el alma.
El amor crea y cura.
El amor... para el que sabe amar,
es lo más cercano a la magia.

CAPÍTULO 4

LÁGRIMAS

11 de febrero de 2011.

Oda al alma que batalla entre furias y lágrimas.

12 de marzo de 2009.

Cuando los demonios lloran

Surge un silencio total,
la homilía lene no se escucha,
la quietud es colosal
cuando el sonido no se busca.

El relámpago se esconde
y el mar se detiene,
el aprendiz no responde
y el maestro lo entiende.

El pueblo está sentado,
sin voces ni buenos pasos.
No hay aplausos para el mago,
se rompe y no suena el vaso.

En la reunión, sólo miradas,
están pusilánimes y cabizbajos.
Los ruidosos son blancas hadas
y los jefes no gritan en el trabajo.

Las bocas no murmullan,
las aves no emprenden su vuelo,
los lobos alfas no aúllan
y los leones ya sienten miedo.

Los cantantes no ensayan,
las monjas dúctiles no oran,
y es porque todos callan
cuando los demonios lloran.

6 de mayo de 2009.

Quisiera, cuando muera, ver mi entierro para notar cuántos van, para percibir el amor, la hipocresía, el odio, el llanto y el dolor. Sólo hasta la muerte podrás saber quiénes son todos, y hay que tener en cuenta cuidado para valorar, pues, aunque los que lloran son los que lo sienten; también aprendí que los que no lo hacen crean por dentro un dolor más grande.

Gotas de rocío

En un cementerio vi
un retrato a la deriva,
tres capullos de alelí
y un charco con hormigas.

Las piedras están húmedas
por el sereno en la noche,
reviven nubes púrpuras
y lamentos al derroche.

Vi en un ramo de flores
muchas gotas de rocío,
que entre brisas y alcores
le da forma el raudo frío.

Perdón, pues no es mi vida,
me retracto, yo erré,
El charco con hormigas
era el llanto de un ser.

No fue el sereno en la noche,

sólo gotas que salpican,
y las piedras como broches,
brillan más que estalactitas.

No son flores que aliño,
no son gotas de rocío,
son lágrimas de un niño
hacia su ser querido.

Cuando nos deprimimos, a veces son inevitables las lágrimas, seas el más bueno o el más malo, éstas no se detienen, no temen a salir, pues si en algo somos iguales, es en que todos lloramos.

22 de abril de 2009.

Lágrimas

Lágrimas con antojos
lágrimas de lujuria
el cielo no tiene ojos
y deja caer la lluvia.

Lágrimas de ansiedad,
lágrimas de dolor,
salen con libertad
porque no hay restricción.

Lágrimas muy fingidas,
lágrimas de las calladas,
páginas de la vida
que no se borran con nada.

Lágrimas de atisbo,
lágrimas de desdén,
te hunden al abismo,
mas no te dejan ver.

Lágrimas de soledad,

lágrimas de nostalgia,
es la única intimidad
en la que no se plagia.

Lágrimas por amor,
lágrimas de convalecer,
recuerdas la pasión
en cada triste atardecer.

Lágrimas sollozas,
lágrimas vencidas,
son gotas capciosas
muy desprevenidas.

Lágrimas de alevosía,
lágrimas por un engaño,
sufres tanto en esos días
que no ves pasar el año.

Lágrimas cerriles,
lágrimas salobres,
caen como misiles
en una hecatombe.

¡Lágrimas!, ¡lágrimas!
Sin memoria no podré llorar,
vida: mustias láminas,
no más, pues sólo quiero soñar.

12 de mayo de 2011.
El amor:
Pide permiso al alma,
entra por la conciencia,
se refugia en el corazón,
crece con el placer,
y se va con las lágrimas.

CAPÍTULO 5

CAMINOS

8 de diciembre de2008.

Los caminos los eliges tú, de ti depende tu destino y no importa la decisión que tomes, siempre habrán más vías.

Para encontrarme yo
Me empeño en hacer una loa
para aludir a ti,
para encontrarme yo,
para sentirme feliz
cuando lo leas
y sentir que yo sea
tu recuerdo permanente.
Piensa sólo en mí,
no me apartes de tu vida verás que la vuelta al mundo
es posibleconmigo en tu mente,
con mi nombre en tu voz,
pues yo le pido a Dios
que los ángeles te envíen,
para que cuiden siempre de ti
y de que nunca
me olvides.
Tú estás en mi cabeza,
en todos mis sentidos,
por eso es que te digo
que ni después de cien eclipses
o con el más fuerte
de los golpes
tu imagen se me borrará.

Quiero ser el más grande
de tus sueños
y tu futura realidad,
saber que existo para ti,
pues si me olvidas
no te encuentro
y con el tiempo me perderé.
Eres ausente al hado
que me alumbra,
eres todo lo que brilla,
no hay estrellas sin ti,
no hay sol, no hay mundo
ni universo,
mas yo sufro cuando
percibo que te alejas y escribo en papel mojado
un verso o un gran poema.
Si tú me dejas yo me pierdo, extraviado en un bosque
de mil acres. Con cada hectárea de nostalgia,
solo como el cráter
de un volcán,
atravesando caminos
por donde nunca te encontraré.
Pues cuando tú no estás
todo es así,
porque no debo buscarte,
tú debes hallarme a mí
para con fuerza gritar:¡Ella me encontró!
Me empeño en hacer una loa
para aludir a ti,
para encontrarme yo...

Caminos que conllevan a otros caminos y ¿cuál es el correcto?
Pues el más cercano a tu felicidad.

CAPÍTULO 6

FELICIDAD

27 de diciembre de 2008.

No es fácil ocultar el amor, cuando amas a alguien, todos los pensamientos te conducen a esa persona. El amor entre pareja es bonito, pero es sólo eso, algo bonito. El amor que es oculto, el que sabes tú, pero no la persona a quien amas, ése se saborea mejor, pues viene acompañado de otros sentimientos que lo perfeccionan; el misterio, la espera, la incertidumbre de ser aceptado o no, tu cuerpo quizás lo percibe primero que tu mente, pues no te pide comida ni calmar la sed, sólo imaginar, todo un conjunto de elementos que te hacen sentir vivo, pero sobre todo lleno de felicidad, porque por primera vez experimentas algo diferente.

A Claudia:
Lo que siento por ti.
El amor que siento por ti
es una magia inefable,
mi corazón quiere salir
cuando dentro mi alma late,
tu belleza me hace sufrir,
sí, pero tú no lo sabes,
mas sueño con tenerte aquí
y sentir siempre que me ames.

En este sobrio amor insisto
con muchas palabras de halago,
me siento como Jesucristo,
pero en la cruz de los esclavos,
pues con atavío me inclino
al mundo de los condenados,
a seguir siendo un idílico
y tu más fiel enamorado.

Tras años de sufrimientos,
de pasiones y soledad,
mantengo el amor que siento
ante cualquier dificultad,
porque mi deidad eres tú
y a ti te debo gran lealtad,
volviéndote la única luz
en mi mundo de oscuridad.

Las pupilas de mis ojos
se tornan tristes de dolor,
cuando te aprecio con otros
que han de abrazarte sin pudor,
es que siento amargos celos,
miedo, por no tener valor
de expresar mis sentimientos
y liberar mi corazón.

Lo que siento me hace vivir
el milagro que más deseo,
es un sentimiento cerril
que resurge cuando te veo,
hace que me sienta un emir
que se empeña en ser primero,
porque tu mano es el buril
que graba mi piel de acero.

Quiero dejar mi alma salir,
dar fe, sentirme certero,
sacar mis lágrimas de añil,
hallar mi yo verdadero,
respirar valor y aludir
al querer que tanto anhelo,
para algún día poder decir:"
Amor, te quiero, te quiero".

El amor que siento por ti ahora es como una mano plasmada en mi pecho, que presiona fuerte sin permitirme respirar; me falta el aire, pero me encanta esa asfixia.

15 de marzo de 2010.

El cirio de mi corazón se enciende al verte,
mas tú eres la sombra de su resplandor,
que siempre lo acompaña, siempre.

26 de junio de 2010.

A Amalia:
Viví por ti.
Teniendo todo lo que quiero
sin tu amor no tengo nada,
vales más que el hermoso cielo
y no tiene precio tu mirada.

Mi musa linda y gloriosa
que en el paraíso es codiciada,
eres mi ídolo, mi diosa
con una sonrisa encantada.

Tú eres fiel la razón
por la que sufro y me alegro,
yo te di el corazón,
tú me diste un recuerdo.

Bendito sea el amor
que gracias a ti conocí,
pues me dio la razón
para poder vivir por ti.

Que la muerte me acompañe y me lleve si es necesario, que la vida me dé luz y se apague cuando esté equivocado, que todos sean felices cuando yo lo sea, y que sigan siéndolo, aunque esté triste.

14 de julio de 2011.

A Deydri:
Cuando pienso en ti.
Cuando pienso en ti
siento que estoy vivo,
creciendo de mí
la raíz del destino.

Cuando pienso en ti
la imaginación fluye
como río sin fin,
como ángeles por nube.

Cuando pienso en ti
la magia es posible,
y si un error fui
ahora soy infalible.

Cuando pienso en ti
la tristeza es jovial,
vuelvo arte en atril
y día seco en pluvial.

Cuando pienso en ti
todo se hace posible,
no hay corcel cerril
ni miedo tan terrible.

Cuando pienso en ti
tu olor respiro,
como de un jardín
lleno de lirios.

Cuando pienso en ti
se elevan mis ánimos,
teniendo yo el quid
de ser un magnánimo.

Cuando pienso en ti
me harto de sabiduría,
porque eres mi edil
y mi fuente de energía.

Cuando pienso en ti
yo me convierto ileso,
como un querubín
después de ser travieso.

Cuando pienso en ti
es cuando estoy solo,
nunca estuve así,
siempre estaban todos.

12:26 AM

El amor es una habilidad oculta que surge como un don que descubres, sea dañino o bueno, es mágico y eso lo hace grande. Mira el cielo… ¿ves esa estrella que está tan sola allá arriba?, pues esa estrella es mi felicidad, ¡cuán lejos está de mí! Muchas veces he intentado alcanzarla, pero siempre se acaba la magia para volar hasta ella.

26 de junio de 2010.

Amalia

Noche con amor que se bifurcaba
desde el momento en que te vi
y ardiente recorrió en mí
la felicidad que tanto añoraba.

Yo buscaba con mi razón
el clavo que me acecha,
y encontré miles de flechas
clavadas en mi corazón.

Necesito de tu piel
lo que sabe a la alegría,
pues eres tú la armonía
que pide saciar mi sed.

Tú eres el quid de poder andar
por la que lucho y me alegro.
Tú eres sediento el recuerdo
que siempre tendré que recordar.

Con pasión me haces soñar
y si siento nostalgia,
te digo, es por ti Amalia,
que no te puedo olvidar.

La base de todo está en la felicidad, una gran meta en la que muchos ganadores no tienen el primer lugar.

CAPÍTULO 7

OSCURIDAD

4 de diciembre de 2008.

He visto y sentido el dolor en mis alrededores. No es saludable cada momento en que te sientes distante; vivir para ver morir no es fácil, soñar para tener tampoco lo es, ver cómo unos lo tienen todo y que muchos no tienen nada, no es justo. Saber que algunos destinos caen en manos de personas que no saben pensar, no es seguro, pero lo más duro, es que todo siga igual.

No cambia nada
Cae al suelo con alevosía
un alma de la tierra,
su sangre callada se enfría
y sus ojos se cierran.

Veo inquieta la tétrica muerte
y su garrafal sufrimiento,
un álgido adiós por siempre
con sabor a remordimiento.

Brotaron pétalos de rosa
en esa noche ígnea,
cayeron del cielo, angostas
lágrimas carmíneas.

Un querubín llora por el hado
de un mundo frágil e inepto,
por un famélico en el prado
que ruega dinero, no alimentos.

Persiste un cirio encendido
pero todo sigue oscuro,
el mundo pierde su brillo
mientras gana más espurios.

Les preguntan a los reos,
pero mienten sin forma,
¿por qué lo hacen con rodeos
cuando existe la axioma?

El dandi puede sufrir,
tiene todo, pero endeble.
El ufano ha de sentir
el miedo que tanto esconde.

Es otro año bisiesto
pero no cambia nada,
el mundo, es un desierto
y no aparece el agua.

En muchas ocasiones de mi vida he estado atrapado en problemas, a los cuales no le veía solución, mi cabeza, llena de preguntas, pensaba que mi vida se acababa en esos instantes…

Ira

Mi vida está
a una cortada
de la muerte,
es sólo sentir
odio o un deseo
y de mis venas
brotarán pequeñas
gotas de sangre.
Gotas que formarán
en el suelo
un gran círculo
de ira,
pues con el dolor
fuera de mi cuerpo,
se liberará, al fin,
el demonio
que llevo dentro.

… pero había una voz dentro de mí que decía: "sigue, sigue adelante, sigue a tu corazón y encontrarás las respuestas". Porque, aunque estés en la oscuridad, siempre habrá en tu corazón un pedacito de luz, una luz que te hará ver el camino correcto.

En el ábside vive la sombra de un cuervo que roba el alma perdida de los ricos, pero robar es malo, aunque robe para sus hijos.

El ladrón

Ojos de águila,
las manos de algodón,
costumbres de cuervo,
de piedra corazón.

Se figura de humano
pero cierto no es,
sentimientos oscuros
como anochecer.

Amigo de la noche
y de quien más le dé,
pues sus manos cogen
lo que sus ojos ven.

Nunca desprevenido,
mas siempre está atento,
cuando logra su deseo
huye como el viento.

El cuervo roba todo lo que brilla, pero no lo hace por necesidad, es por instinto. Si ves un cuervo en la oscuridad, acompáñalo y verás la luz.

CAPÍTULO 8

DECISIONES

16 de octubre de 2009.

He tomado decisiones buenas y malas, las buenas me han dado alegría, las malas me han dado dolor, de las alegres no me olvido y de las dolorosas no me arrepiento, porque he aprendido.

Decisiones

Decisiones con ahuyento,
decisiones que duelen,
decisiones de momento
que surgen como mueren.

Decisiones que son tristes,
decisiones que te guían,
decisiones muy difíciles
que te cambian la vida.

Decisiones en que te hundes,
decisiones casi afables,
decisiones en las que huyes
porque te sientes culpable.

Decisiones en las qué creer,
decisiones en que dañas,
decisiones que sin querer
a ti mismo sólo engañas.

Decisiones sin reversa,
decisiones arrepentidas,
decisiones que recuerdas
porque ya están mal decididas.

Decisiones en las que ganas,
decisiones que pierdes,
decisiones en las que matas
donde tú también mueres.

        Amar, tener y vivir es una decisión.
        Odiar, querer y morir es una contradicción.

Prefiero

Prefiero ser un asesino con justicia
que no un dúctil policía sin piedad
y llevar a cuestas una dura sentencia
ante seguir la triste realidad.

Prefiero rosas a cada muerto acéfalo
y no a cada vivo gobernado,
pues es mejor morir en tu propio dédalo
que vivir para ser un esclavo.

El mundo con colores ya se torna mustio,
Mas yo prefiero, aunque doloroso,
que todos me vean como un hombre malo y justo,
antes que un hombre bueno y capcioso.

La paciencia es una habilidad que te hace fuerte cuando llega el momento esperado.

7 de julio de 2011.

Quisiera para mí

Quisiera abrir un camino
que lleve a lo correcto,
sin curvas y sin destino,
sólo un túnel bien recto.

Quisiera viajar intrépido
sobre calles perdidas,
donde lleve yo ese mérito
de encontrar la salida.

Quisiera pintar lo que siento
en cada momento triste,
para demostrar desde adentro
lo que por fuera no existe.

Quisiera darle confianza
a mi pobre corazón,
y sentir que la nostalgia
no pasa de una ilusión.

Quisiera de Cupido el arco
y todas sus meras flechas,
para llenar entero un barco
de corazones sin mechas.

Quisiera una guía para leer
cómo vivir en el olvido,
para hallarme, para saber,
si puedo ser el elegido.

6 de octubre de 2010.

Enmendar errores es mejor que vivir con ellos habiendo solución.

28 de febrero de 2011.

La muerte es un desdén a veces,
la vida es un desprecio, a veces.
Todo es parte de lo mismo.
¿Morir casi vivo o vivir casi muerto?
Existen decisiones que al final te conducen por caminos iguales,
porque ya es obra del destino,
aun con esas no estás excepto de elegir,
preguntas así se repiten en la vida como un guión.
¿Observar con dolor o ciego sin sufrimiento?
Porque buenos o malos nos toca llorar y reír
y para no escaparnos de nada la vida nos pone
estas decisiones que conllevan a lo mismo,
pues hasta en lo malo hay cosas buenas,
y en lo bueno… cosas peores.

CAPÍTULO 9

VERDADES

16 de agosto de 2011.

Las verdades no se hablan ni se escuchan, se ven y se demuestran.

18 de octubre de 2010.

El concepto de los conocidos, las amistades y las verdaderas amistades:
1- Los conocidos son los que ves a veces y ven por los ojos de tus amigos.
   Las amistades son los que ves a cada momento y dicen ser tus amigos.
   Las verdaderas amistades son los que ves casi siempre y demuestran ser tus amigos.
2- Los conocidos son los que nunca están cuando necesitas de alguien.
   Las amistades son los que a veces están en los buenos y malos momentos por algún motivo.
   Las verdaderas amistades son los que siempre están en los malos y peores momentos sin pedir nada a cambio.
3- Los conocidos son como el aire, porque son invisibles cuando tienes un problema.
   Las amistades son como los fantasmas, porque desaparecen cuando saben que tienes graves problemas.

Pero las verdaderas amistades son como las pequeñas gotas que quedan alrededor de un vaso después de haberte terminado toda la bebida, pues cuando estas gotas llegan al fondo y se aglutinan, te dan la oportunidad de tomar una última esperanza para calmarte la sed.

30 de noviembre de 2008.

La fuerza de una persona no está en sus músculos, está en su voluntad y se define por sus instintos y pensamientos.

Consejo a mí

Haz lo que dicte el alma,
mas no escuches plegarias
y descubre en ti un arma
que aplaste a las escorias.

Tu instinto no te engaña nunca
porque sale de tu corazón,
confía en él y verás que alumbra
el camino de tu decisión.

No esperes nada de quien,
porque todos viven de si,
lo importante no es que den
sino lo que venga de ti.

Cree en tu destino impar, la suerte,
que no hay entrada sin la salida
y entiende que al final, la muerte
es el principio de la vida.

Una persona veraz a veces miente, porque con la mentira muchas veces se descubre la verdad. Pero sé sincero incluso con tus enemigos y por ti no quedará un gesto hipócrita.

14 de julio de 2011.

Tu dolor

Que alguien llame al cielo
porque estoy viendo un ángel,
que alguien la rescate,
pues le han cortado las alas.
Es una preciosa dama
que perdió el coraje repentino,
mas no se levanta,
¿por qué sufre tan salvaje
de lágrimas arrendadas?
Su llanto se reveló
destruyendo su fiel blindaje,
mostrando debilidad
de la que no se arrepiente,
pues la tristeza que lleva dentro
no tapa el maquillaje esmerado.
Tan hermosa por fuera
y marchita en su interior,
hace que su dolor inmenso
se transmita con más fuerza
hacia todos, incluyéndome yo.
No sufras más,
usa mi hombro,
escóndete de la suerte al azar,
toca mis manos
y agarra mi pañuelo,
quizás no sea el más bello,
pero lucha contra
las lágrimas más fuertes.
No llores por quien no merece,
y lucha por quien te alabanza,

escucha mis palabras ahora,
son las de un amigo, el más fiel.
Soy yo, quien te habla,
el que ahora está contigo.
No te aferres al sufrimiento
para cometer tonterías,
al final lo cura el tiempo
y lo hecho queda toda la vida.
Por cada fallo que tengas
levántate con más viveza,
demuestra tu valor,
y si por alguna razón te angustias,
no importa; piensa, escucha,
pues si sientes que la vida termina,
con aprecio vacila inerte
que por otro lado empieza.

12 de mayo de 2011.

¿Sabes por qué me gustan las estrellas? Las estrellas de lejos son un punto muy pequeño y brillante, bellas e inofensivas a su vez, capaces de inspirarte, sin embargo, de cerca son enormes rocas llenas de vacíos, son cuerpos celestes intranquilos que destruyen todo cuanto chocan; en fin, que aparentan ser algo que no son. Estrellas son muchas gente y de las más grandes.

A Lisset:
Mi amada mentirosa
¿Por qué he de creer en ti?
Yo, que ciego te conocería bien,
pues la única verdad que has de tener
es que sabes mentir.

No te salva ni la calma
de un poema pastoril.

Tú vives con una desgracia
que se vuelve enfermedad,
mas seguir así te hará
creer sólo en tu vil ignorancia.

No te importa el dolor
que tu palabra hiriente provoca,
tapas una mentira con otra
y matas el amor.

Si naciste para brisa
no morirás como tormenta.

Tú eres una mentira inmensa
con dulce suerte susodicha,
no mantienes fija la vista
y siempre bajas la cabeza.

Tú te alegras de ser dichosa
porque escapas cuando algo finges,
mas eso afirma que tú vives
y morirás como capciosa.

¡Ah! Pero quien miente por necesidad está bien justificado.

CAPÍTULO 10

IMAGINACIÓN

28 de mayo de 2009.

Las ideas por magníficas o por tontas, siempre van a valer, porque son ideas, sólo basta comprensión para que salgan a la sima, y es este el enigma, muchos no comprenden.

Ideas

Callado con intenciones
pasan raudas las horas,
inmóvil por un tiempo
y después por otro,
una mano indispuesta,
la otra sólo un gesto.
Palabras en el pensamiento
que vienen y se van,
una postura interesante
de filósofo encantado…
¿O encontrado?
La vista perdida en el infinito,
ver más allá
del cielo, el universo,
porque son las ideas
el fruto de una mente.
A veces un milagro
y para todo la solución,
son el porvenir y el progreso,
porque son ideas,
¡son ideas!, son…

18 de octubre de 2011.

>   Soñar:
>   Es explotar tu mente al máximo,
>   porque el sueño es el límite de la imaginación.
>   Soñar no cuesta, no,
>   soñar duele, porque cuando despiertas,
>   todo lo pierdes.

15 de julio de 2011.

>   **Sin ti**

Si la tierra
parara de dar vueltas,
si el sol
dejara de salir,
 si la luna
se tornara lenta,
todo sería por ti,
pues pasaría esto
si algún día
te pierdoo de mi te alejaras,
y sólo quedaría mi cuerpo,
porque eres mi alma.
Sin ti no hubiera
en mi cielo estrellas,
ni inspiración,
y siendo yo como pintor,
mis cuadros fuesen
naturaleza muerta.
Sin ti se detendría
el tiempoy se apresurará la calma
volviéndose lento
el recuerdo.Sin ti es imposible
un pensamiento maduro,
mi pasado sería menos gris
y más que un dolor absoluto.

Sin ti no hay música,
no hay canto,
en teatros y escenarios
no existiera acústica
y en vez de placeres,
todo fuese llanto.
Sin ti no hubiese flores,
ni brisa,
ni árboles.
Sin ti se paralizarán
las olas de los mares.
Sin ti no existiera
esta poesía,
sin ti no hay navegantes,
no hay física,
no habría símil
ni metáfora y se agotarían las palabras.
¿Qué más pudiera decir?
En fin, sin ti
fuese plano el mundo,
y se desbordaría todo
Incluyéndome a mí.

Te veo, pero no te miro…

CAPÍTULO 11
RECUERDOS

4 de enero de 2010.

Todos los días pienso en el pasado. Vivo de los recuerdos, aunque a veces duele, porque están los felices, pero también los tristes. El pasado no se borra si implica un sentimiento o más, está ahí, en tu mente, en tus ojos; nunca olvido, por eso nunca muero.

17 de junio de 2011.

Hoy el cielo me pide que escriba porque está nublado y yo salgo de donde me encuentro para vacilarlo; me gusta mirar el cielo y las nubes grises que lleva por atuendo. Él quiere que sea testigo de su lamento y lo plasme en papel, pues caen gotas tenues que azotadas por la brisa llegan hasta mi. ¿Sabes cuántos necesitan de ti, cielo? El pasto de los bosques, la siembra de los hombres, el lago adusto y yo, yo necesito de tu llanto ¡cielo!, para inspirarme y escribir esto.

4 de enero de 2010.

El cielo me trajo un recuerdo
Por siempre recordaré.
Ayer estaba lloviendo
y a paso lento entré en la fría lluvia,
las gotas salpicaban
en mi cabello
que se humedecía cada vez más.

Cerré mis manos
y grité porque sufría;
mis ojos tenían brillo
porque también lloraba
sin poder parar,
pero llovía tanto que mis lágrimas
no se notaban.
Yo bajo el cielo turbio,
yo, en medio de todo,
las nubes me tapaban
sin importarles lo que valgo.
Pensaba en ti,
en el día que nos separamos,
porque también llovía.
Después de tanto pensar,
abracé al cielo,
pues me trajo un recuerdo.S
alió el sol, todo se quedó en calma
y se secó mi corazón,
pero no mis ojos,
porque yo seguía ahí,
en aquel lugar, imaginando
lo que nunca sucedió.

Vivo de un falso recuerdo que me hace sentir… un suspiro de amor.

4 de julio de 2011.

Sentimientos de un recuerdo
Un recuerdo trajo consigo
el hastío que llevo dentro,
la tristeza, el castigo,
la fragancia de fulgor
y la fuerza de un adiós
que llegó después del olvido.

En un momento el alivio,
pero después volvió
sin esfuerzo un sueño
que desde arriba,
cayó hecho de hielo
y convertido en pesadilla.
¡Oh! Tiempo,
¿por qué me haces esto?
¿Qué pecado es ése que he cometido?
Se procura la estancia,
un instante vigente
con suspiros y detalles,
un pasado presente
con destello culminante.
También trajo la nostalgia
tras mi ceño tenue y mustio
se nublan mis pupilas
por el porvenir de las lágrimas,
¡que se aguantan!
Sujetándose en el filo
de las pestañas,
pero al final caen.
Pestañar es húmedo ahora
porque quedan rastros,
ya no soy el magnánimo,
ya no soy la estrella,
ahora soy el pusilánime
que vive a cuestas del cielo,
¡por favor!
No me prives lágrima
de lo que no puedo,
soy esclavo de mis recuerdos
y de un sentimiento ajeno;
yo me escondo del odio
para que él
me encuentre luego.

Yo puedo amar, también odiar,
¡lo siento!
Por bueno pierdo lo que amo,
por malo gano lo que pierdo,
por eso no entiendo
la razón.
¿Para qué un sentimiento?
Cuando puedo sentir dos.

31 de agosto de 2011.

Son los recuerdos los que te atan a los sentimientos.

17 de julio de 2011.

A Claudia:
La iglesia
Sentí la presencia del amor cuando me llamaste
y corrías hacia mí,
estando yo en aquella iglesia en debacle
que daba miedo,
pero la curiosidad de dos seres
que se aglutinaban
hacían de aquel miedo una búsqueda de pasión.
Éramos niños casi adolescentes,
la calma nos mantenía en silencio,
pero en el silencio dos cuerpos que se quieren
no duran mucho tiempo sin hacer ruido,
estando solo los dos, ¡que travesura!
Parecía que el mundo giraba
a nuestro alrededor.

Han pasado muchos años
y aun visito la iglesia,
para ver si algún día te encuentro,
para recordar juntos,
para sentirme vivo;
pues esa iglesia,
después de tantos años, aún sigue en pie,
como sigue tenaz
este recuerdo contigo.

19 de octubre de 2011.

                    Si crees que soy el culpable
                    perdóname ahora,
                    si sientes que ya no me quieres
                    ámame después,
                    pero si decides dejar de mirarme…
                    recuérdame siempre.

CAPÍTULO 12

SUSPIROS

9 de septiembre de 2009.

Un suspiro de muerte es un respiro de vida.

El suspiro del rey

Está el emir
ante el trono, enojado,
el rey no quiere abdicar,
viendo venir la desgracia
por quien desea
su puesto.
Un adalid por la espalda
lo apuñala,
el rey da
su último suspiro,
y muriendo
sólo decía: "hijo".
El emir toma el puesto
muy contento
y sonriente;
un decenio en espera
para su deseo realizar,
mas no esperaba
que en el trono
una serpiente allí estaba,
atacó al bisoño rey
que no tenía esperanzas;
su último suspiro
a su último aliento sabe,
sus ojos se cerraban,
y muriendo
sólo decía: "padre".

El suspiro es el descanso que necesita el alma.

Suspiras

Suspiras porque tú amas
a quien no debes recordar,
pero sin querer matas
lo que no puedes lastimar.

Suspiras porque te duele
un motivo impúdico,
mas lo vivo siempre muere
aunque te sea indómito.

Suspiras porque quieres
lo que no puedes tener,
y porque te arrepientes
de lo que causaste ayer.

16 de octubre de 2011.

Suspiran los enamorados cuando extrañan a sus amores, cuando aman a los que quieren y cuando quieren que los amen.

9 de julio de 2011.

A Anabel:

Ella

Ella no me mira,
¿por qué me hace sentir así?
Si sólo ella me inspira
un amor
que no tiene fin.
Ella me cautiva
por su voz, su olor,
su inocencia,
ella es exclusiva
de la forma más fina,
de las más propia,
su talento
es incomparable.
Tenerla a ella presente
es estar encima
de la gloria,
ella es tan linda
que coraje no tengo
de fijarme en su imagen,
me privo de eso,
pues sus virtudes
valen más que su apariencia,
es impagable un beso
que su boca descarte,
ella es encantadora,
dulce como la fresa,
ella por encima de todo
demuestra su inteligencia,
hace que el mundo
se envuelva en un secreto,
ella es la clave,
el enigma, el sustento,
ella inspira, ella impele,

es un mar inmenso
que incita cuando quiere,
ella es esplendor,
es naturaleza,
con ella me equivoqué
y por culpa de lo fui
no tengo corazón,
mas ella tiene dos,
el suyo y el que era mío,
ella es sabia,
es un concepto,
ella deslumbra por fuera
lo que lleva por dentro,
ella canta y su eco
siempre queda,
ella todo lo que toca
lo convierte en luz,
ella es un universo,
ella eres tú.

16 de octubre de 2011.

No se puede vivir sin respirar; vivir de suspiros te hace aprovechar más el aire, aunque a veces los suspiros te vuelven vulnerable. No sé qué es mejor, si suspirar por un amor que extraño o suspirar por un extraño amor.
Los suspiros tienen significados y misterios, unos duelen, otros te adornan una sonrisa, sólo basta con liberar el aire para darse cuenta cuál es de los dos.

CAPÍTULO 13

DIFERENTE

Ser diferente es lo único que nos hace originales.

28 de noviembre de 2008.

Las flores tienen significados; amor, paz, amistad, pero todo tiene un lado oscuro. He regalado muchas flores cada vez que me he enamorado, aunque también he dado en otras circunstancias, la muerte. Mucha gente no es de flores, pero aun así se hacen de éstas para dejarlas en tumbas pétreas. Me he preguntado a veces, ¿por qué se acuerdan de darte flores cuando ya no puedes apreciarlas? Las flores… son para el amor y para la muerte… también.

2 de agosto de 2009.

En ocasiones me pregunto quién soy, otras veces no es necesario preguntarlo, aunque siga con dudas.

Soy

Soy pesaroso un ángel
caído de otro cielo,
y aunque a veces extrañe
hacia atrás no vuelvo.

Soy ahora un vendaval
perdido en el tiempo,
vuelto en huracán
pero antes fue viento.

Soy virtuoso el edil
del poderoso fuego,
pues antes de destruir
siempre doy mi consejo.

Soy el número trece
que bifurcado es la alianza de dos,
pues me enorgullece
ser hijo del Diablo y también de Dios.

Soy lo bueno y lo malo,
amigo y enemigo,
porque así me destaco;
yo soy el elegido.

Soy... lo que quizás con una respuesta aun no lo sepa.

Mis ojos

Mis ojos, son claros
como el transparente cristal,
como la idea subliminal
que parece raro.

Mis ojos son verdes
enlazados de la verdad,
que sólo ven la realidad
con certeza tenue.

Mis ojos son carmelitas
que sólo ven en blanco y negro,
pues no tiene color el ego
de cada persona hipócrita.

Mis ojos dicen que son...
ojos color del tiempo,
que cambian como el viento
hacia cualquier dirección.

En 2008.

Una marca en tu cuerpo no debe ser algo que te haga lucir extraño, sino algo que te haga sentir diferente.
Duerme una rosa en un jardín de lirios despiertos, adornada por sus pétalos, su intenso color, sobresale su belleza incluso de sus espinas, mas la miran por ser única, la odian y algo más, porque la diferencia, a veces, es envidiada.

4 de marzo de 2011.

Mis nombres
Yo soy arduo un admirador del cielo,
atento aprendo del bien y el mal,
soy víctima de mi voluntad,
nada impide lo que siempre anhelo,
infalible a la verdad que apelo.
Exánime en un mundo de dolor,
loa a mí mismo al defender el amor
ante Dios testigo de mi vida,
lo sabe el diablo o lo imagina
estando acérrimo a mi ignoto diario,
xenofobia sentirá el ateo,
impío, por no creer en lo que veo,
siendo de dos señores el sumario.

Diferente... diferente soy yo, diferente mi vida, diferente mi poesía y todo mi universo. Ser distinto te hace único y sólo serás capaz de ver tu potencial cuando escapes de los iguales. Todos podemos ser diferentes, originales, sólo debemos despertar para darnos cuenta lo importantes que somos y no seguir viviendo la repetitiva vida de la misma gente.

CAPÍTULO 14

COMPRENSIÓN

28 de octubre de 2011.

A veces nos sentimos incomprendidos, como si no existiéramos, y es injusto. A todos nos gusta que nos vean, que nos escuchen, que nos entiendan, para sentir que no somos los únicos con una razón.

25 de julio de 2011.

Encuentro la paz

Hay días omisos como el desdén
que sacuden el alma atroz,
son esos días en los que yo
me entrego a un lápiz y un papel,
para así desahogarme con fe
de los sentimientos más fuertes,
pues son momentos que te sientes
como si ya fueses a estallar,
hasta que encuentras en ti la paz
que tú mismo no comprendes.

28 de octubre de 2011.

No mires el mundo sólo desde tu punto de vista, ponte en el lugar de otros y comprenderás que todo tiene un ángulo distinto.

19 de mayo de 2009.

El niño en el armario

Con gran abulia
cae lluvia sin mojar,
con gran alcurnia
los ánimos de luchar.
Gritos de lujuria,
golpes sin pegar,
personas con furia,
violencia en el hogar.

Padres al descontento
que no tienen horario,
bestias contra el viento
como obra en escenario,
los oídos bien atentos,
apuntes en el diario,
lágrimas y lamentos,
el niño en el armario.

Almas crueles que se enfrentan
sin pensar en el dolor,
sin saber que no se enmiendan
heridas al corazón,
ese corazón que encuentran
escondido y sin pasión,
con lágrimas que alimentan
el lamento de un adiós.

28 de octubre de 2011.

La paz no se logra con violencia, pues estaríamos creando más problemas para seguir buscando paz; un bucle sin fin.

CAPÍTULO 15

DESTINO

En 2008.

El alevín es como el afluente, sólo ve un camino hacia su destino; no seas alevín ni afluente, sé como pluma en el viento.

17 de julio de 2011.

El destino

El destino está en una cripta
tallado en las sombras
de un monumento pétreo,
y yace ahí
cada camino que elijamos.
Es como un árbol
con frutos buenos
y malos,
es un puente roto
y otro arreglado,
tiene caminos cortos,
largos y otros escondidos,
porque el destino
no está hecho de movimientos,
sino de caminos
que se abren
y cierran,
según lo que hagamos
por nosotros mismos.
Él nos pone los retos,
nosotros elegimos.

15 de septiembre de 2010.

Se me abre un camino y se me cierran dos; así pues, me voy quedando sin destino, o no, quizás haya más de donde se abrió el último.
He descubierto que el destino es como un árbol, las raíces son la naturaleza, donde nace todo lo que crece, el tronco es lo que crece y crea, lo creado son las ramas, y he aquí el destino, de cada rama nacen otras, estos son los caminos. Las ramas tienen tallos, esos son caminos cortos; hay que elegir bien. La mejor decisión está en las ramas largas sin tallos, para que no haya tropiezos. Pero sea cualquier decisión que tomemos, al final estas ramas terminan con hojas verdes o marchitas, estas son las tumbas de esa naturaleza: el final de nuestras vidas, y felices o tristes, todos llegamos a esas hojas.

4 de noviembre de 2011.

Si bien existen tres caminos en la vida: el bueno, el malo y el correcto, también existe otro escondido, espejo del último mencionado. Es el camino contrario, que valga a su nombre no significa que se oponga a los otros tres, sino que hace referencia a no seguir, de detenernos y ver desde otro punto de vista lo que hicimos o dejamos atrás, pues éste es paralelo al camino correcto, sólo que al revés, porque retornar también es una opción.

CAPÍTULO 16

ATARDECER

6 de noviembre de 2011.

Tras una alborada alegre siempre hay un atardecer excitado....
El atardecer es sabio porque aprende de la mañana, el atardecer es mi maestro, porque yo aprendo de él.

8 de diciembre de 2008.

Elegir entre dos caminos no siempre es fácil. A veces nos encontramos en situaciones difíciles en las que no sabemos cómo enfrentarnos. Uno: hacer lo que debemos, dos: hacer lo que nos dicen, pero nos olvidamos de que existe un tercer camino: elegir lo que queremos.

El atardecer

Salen los primeros
rayos de luz
en la alborada,
luchando contra
las sombras
más oscuras,
no hay penumbras,
sino reflejos
que encandilan.
Tras muchas horas
se pone el sol;
ahora dominan
los seres nocturnos,
por cada segundo
se gana tiempo,
y así, cada mañana
es el mismo proceso.

A mucha luz
todos te encuentran,
a mucha oscuridad
todos se esconden,
mas esto:
Si elijo el día
tendré que enfrentar
el mal;
si elijo la noche
tendré que enfrentar
el bien. Soy bueno…
Y soy malo…
Prefiero el atardecer.

En 2008.

Una frase es un mensaje, un consejo, te da principios y conceptos, es la clave para un buen camino. Vive de cada frase y aprenderás; mas no necesito de una para concluir con privilegios este sacro cumplido, pues mi vida es una frase edil que nunca se termina.

CAPÍTULO 17

NOSTALGIA

30 de noviembre de 2008.

Mi mente me traiciona, mi propia mente… pues sueño contigo y en mi sueño no me quieres; soñarte duele, mas no me acostumbro. Me quemo vivo por dentro y por fuera se deja ver, porque despierto con lágrimas en mis ojos.

A Claudia:
Contigo
No tenerte junto a mi lado
hace que te quiera más,
sin ti todo es soledad
y siento que nada he logrado.

No puedo vivir sin ti,
se me vuelve casi imposible,
al punto de estar infalible
que el mundo no es para mí.

Pues reconozco, he perdido
y siento que soy culpable,
por eso hoy vivo en el aire
en un recuerdo contigo.

Haberte perdido me hace pensar más en ti, pues no tener lo que quieres te hace quererlo más.

15 de mayo de 2010.

¿Dónde está el alma perdida de un escritor que hoy en vano vaga entre obras inéditas escritas por él mismo con el fin de desahogarse? Quizás se encuentra en una de esas, viviendo un eterno recuerdo que sólo trae nostalgia y remordimiento.

15 de agosto de 2010.

El cráter

El cráter está solo,
no lo acompaña algún ser,
pues hace mucho daño
y todos se alejan de él.

Sus amigos son las rocas
porque no tiene corazón,
pues él sólo abre la boca
para causar ígneo dolor.

Vive de la melancolía
angustiado en pleno tedio,
porque vive todos los días
sin sentir siquiera miedo.

Por dentro ardiente y blando,
por fuera seco y recio,
ineludible el llanto
cuando llora por eso.

El cráter es violento
hasta perder la razón,
sabe que lleva dentro
viva furia sin amor.

Se sustenta de su poder
del que abusa sin medida,
no tiene nada que perder,
poco le importa la vida.

No lo hace por desprecio,
son cosas que no entiende,
él destruye por necio,
todo lo que se encuentre.

El cráter está muy solo
y así vivirá por siempre,
pues para él no existe abono
que fértil su tierra siembre.

12:43 AM

7 de agosto de 2010.

Sentirte solo, estando rodeado de gente, es peor que estar realmente solo. La muerte es una felicidad comparada con esta incertidumbre que llevo a cuestas; la espera, junto con la inseguridad de no tener el conocimiento de lo que viene, pues peor que esperar, es no saber lo que estás esperando. Mi color preferido es el gris, porque mi camino no tiene colores; antes me gustaba otro, pero el gusto se transforma cuando cambia el camino. Si me preguntasen ahora ¿por qué estas afligido? Me quedaría pausado, vacilando infausto la lentitud de mi respuesta, pues han de preguntarle al día, precisamente a éste, en que el sol es tenue y el cielo se pronuncia de mis nubes favoritas. Pregúntenle a este día gris en el que aún no ha derramado una gota de lluvia, pero lloverá, porque hoy estoy triste y el cielo me acompaña.

26 de julio de 2011.

Melancólico

En este día
le agradezco a la soledad,
por ser mi mejor amiga
y estar siempre a mi lado,
cuando he estado mal
necesitando de alguien,
que me ampare, me acompañe,
para sentirme apreciado
en momentos de melancolía.
De alcanzar el plenilunio
he estado lejos,
donde mi vida
se torna diatriba,
de quién sabe; quizás la muerte
en declive de su susto,
pues se agradece medrar
de pensamientos complejos.
¡Oh, que ofrenda!
Para el que sienta
un cumplido ya realizado,
mas yo no lo he sentido,
y tal vez es por eso
que ahora estoy aquí,
en un rincón,
sentado, cabizbajo,
donde nadie escucha
lo que conmigo mismo hablo.
Una mano en el piso
y la otra sujeta un estímulo,
mi mente sabe que es un vicio,
pero se siente bien.

Atribulado de sentimientos
que aliñan mi vida
y ninguno es más fuerte
que éste, nostalgia.
La nostalgia es pudiente
en los que se enamora
no de quienes gozan
de un súbito provecho,
los recuerdos me truenan
y de mí ya no hay nada
o casi nada.
Me voy desmoronando,
hoy… a mi lado hay algo más
que me aferra a mis recuerdos,
pero me hace recordar
con menos dolor,
pues me acompaña una cerveza,
escoltando lo poco del alma
que queda.

12:14 AM

15 de agosto de 2010.

La respuesta más segura es "quizás":
¿Cuál es mi objetivo en este mundo? Quizás divertir a mis señores con el sufrimiento mudo. ¿Dónde está mi alma? Quizás en algún lugar donde nadie ha llegado nunca, encerrada por retazos en jaulas con cerraduras cuyas llaves aún no se han creado. ¿Dónde están mis respuestas? Quizás en un libro inédito donde sólo hay preguntas, ¿y cuánto falta para mi gloria? Quizás…

CAPÍTULO 18

MUERTE

23 de abril de 2009.

La muerte no es castigo, no es deseo, es sólo dolor para los que quedan vivos.

Ángel del pueblo

Flores que caminan al entierro,
lágrimas que caen al suelo,
capas negras y con gran aferro
dolor de un ángel del pueblo.

Sufre incauto advertido en silencio
bajo las nubes del instante,
entre lápidas y un ataúd recio
que devoran al más radiante.

Lleva andante corona y no es rey
con todas las riquezas dentro,
pues nada de eso vale en su ley
la vida de su amigo muerto.

En mi alma está el luto de la muerte, y en mi cuerpo su recipiente.

31 de agosto de 2011.

Se silencia el amargor de la muerte suicida por la fragante finura. Un mundo lleno de espejos, débil como estos cuando no reflejan la realidad, es un agravio; la vida es dura, pero también afable, por eso existen calles muy bellas y callejones sucios. Si tus calles no se terminan es porque tu camino es largo, pero si tus callejones no tienen salida tu camino es más largo aún, porque debes hallar otra entrada y a veces se paga con el alma.

6 de mayo de 2009.

Siento en todos mis sentidos que no moriré, pues morir es como dormir, siempre abriré los ojos.

23 de abril de 2009.

¿Por qué he de acuciar al zorro? Cuando él sabe que debe matar para vivir.

Las crónicas de un sicario

¡Ahí murió un viejo senil!
Hombre solitario sin planes,
y más tieso que un atril
terminó donde no se sale.

¡Allá murió un truhan!
Alguien ingrato con su vida,
él fue un buen galán
hasta que encontró la bebida.

¡Y también murió!, mas hallaron
un vago sujeto a un rosario,
y todo pues no respetaron
las crónicas de un sicario.

Morir despierto... morir con los ojos abiertos, es morir queriendo vivir.

6 de enero de 2009.

El Diablo también llora

Presiento un gran óbito,
pero muy lejos de aquí,
oigo un llanto indómito
que no tiende tener fin.

Del cielo caen gotas oscuras
por las nubes enfurecidas,
el viento transforma las dunas
y entierra las huellas perdidas.

Murió un ser infausto en la alborada
sin esperanza ni ego,
las gotas son lágrimas derramadas
por el señor del fuego.

La muerte es una hecatombe
y la tierra se estremece ahora,
¡pero calma!, no te asombres,
porque el Diablo también llora.

4 de octubre de 2011.

Me pregunto si los muertos después de una vida madura pueden sufrir por causa de los que siguen viviendo; pues si sólo muriese el cuerpo y viviera consciente el espíritu capaz de vagar su alma por los alrededores, sería muy doloroso, sobretodo ver a tus seres queridos; los que sufren por ti, pero principalmente los de cara oculta, los que escondieron algo que jamás notaste en vida. Ver y sentir la traición, el engaño, la falsa, todo lo que por vivo nunca descubriste, sería morir después de muerto. La sangre ilusa tapa la verdad y te arrepientes después. Es realmente muy duro pensar que muertos es la única alternativa de ver lo que en realidad estábamos viviendo.

Por eso, si algún día muere mi cuerpo, sepan que ya había muerto mi alma.

CAPÍTULO 19

DOLOR

30 de junio de 2009.

La vida está llena de dolor cubierta de felicidad, es como un huevo, a veces golpeamos el cascarón y escapa de adentro un poco la esencia que no queremos derrochar. Para vivir hay que sufrir, no hay año sin dolor, sino no existiese la palabra y todo fuese felicidad, a su vez sinónimo de monotonía.

Lo que vivo
¿Cuánto he sufrido? ¿Cuánto?
Son testigos estas lágrimas,
y el lamento de las ánimas
que dentro de mí guardo.

Perseguido por un alud
caen muchas piedras del cielo,
cubriéndome un largo velo
que no deja pasar la luz.

En mi juicio soy culpable,
todos juzgan sin conocerme,
con el quid de los inocentes
la gente es impermeable.

Hundido en mi desgracia
amedrento a mis amigos,
pues poco valen contigo
cuando eres la ignorancia.

Con heridas que no sanan
terminé como se empieza
y descubrí con destreza
que sólo mueren los que aman.

Pero me he vuelto bien fuerte
nadando lo que he llorado,
porque mi alma ha logrado
mucho con muy poca suerte.

Es irónica la vida cuando ves sufrir a alguien que amas, porque te duele mucho más a ti.

Desgracia

Se sale del contorno
una aguja en mi piel,
sembrando en el ayer
heridas de un entorno.

Mas se teje con la lana
un abrigo sin piedad,
que no tapa de verdad
la mentira de mañana.

Se busca dónde el cielo
dejó el alegre arcoíris,
para acabar con la crisis
de este mundo tan lelo.

Nacemos para sentir
lo que es la dulce vida,
mas la muerte culmina
muchas almas por venir.

Se siembran en el ayer heridas de un mañana. Quien no ha sufrido por amor, poco ha amado; bendito sea quien haya descubierto ese dolor.

Mi condena

Viví una larga condena
por cien años de dolor,
arrastrando una cadena
de huecos en el corazón.

Con lágrimas que pesaban
el doble de lo que yo,
caminé como volaban
los ángeles de mi Dios.

Porque nunca yo rendido
por más barreras que hubiera,
pues lo poco que he vivido
es lo poco que me queda.

Y entre tantos caminos
que se encontraban ahí,
sólo elegí un destino
y era llegar a ti.

De los libros se aprende, el dolor es como un libro. El amor es vulnerable ante el dolor y por eso se vuelve sabio.

CAPÍTULO 20

VIDA

19 de mayo de 2009.

Escribo porque lo siento y lo siento porque lo vivo. Escribo ideas, lo que veo, lo que sucede a mi alrededor; escribo la verdad de mi vida y de la vida.

Para un suicida la vida no vale, entonces no todos la aprecian, quizás porque es injusta con unos más que otros. Cuando te sientes el singular en un mundo que es para más de dos, ahí comienzan los principios de la soledad y va de mano con el dolor; hay seres que descubren un camino ignoto que no saben dónde culmina, aun así, sienten esperanzas de esa curiosidad, son estos suicidas.
Somos dueños de lo primero que se nos otorga, nuestra vida, si es felicidad vive en paz y compártela, pero si es dolor enfréntalo y no lo causes, recuerda, siempre hay alguien que te ama, aunque no lo sepas.

"Para un suicida la vida…"

El suicida

Un alma grácil, más surtida
con eslabones que se rompen,
piensa que no es feliz la vida
sino dolor que se corrompe.

Sus manos marcadas, lujuria,
filos que frotan sus venas,
la sangre desata la furia;
ojos fijos, luna llena.

Salen ideas, no quiere vivir;
tanto dolor, rechazos,
la muerte no lo deja morir,
llora sangre sus brazos.

Cree que desea la vida con calma
que siga sufriendo,
o no quiere masoquista el alma
dejar ese cuerpo.

Le teme a la nostalgia,
a vivir con dolor,
le teme a toda gracia,
pero a la muerte no.

Se distancia de cuanta
alegría pueda alcanzar,
mas no sueña ni canta,

no lo siente realizar.

Pensamientos a la deriva,
ilusiones en vano encuentra,
pues todos ingratos lo miran,
y nadie comprende o lo acepta.

Se siente del dolor su cestaño,
rechazado, solo y algo más,
viene muerto cubierto en antaño
pero vivo en pena se va.

La vida depende de un declive que perdura o se derrumba según el terreno que pises.

El afluente quiere ser como el rio,
grande y fuerte,
pero el rio quiere ser como éste,
sencillo y valiente.
Aprecia tu vida y te sentirás valioso.

La vida

Toquen cien años y más
de felicidad o tristeza,
siendo pobres o con riqueza
el tiempo nos llegará.

Aunque con destreza enfrentas
obstáculos sin parar,
por desgracia va a llegar
el momento que no cuenta.

Buenos y malos días
con amor o desengaño,
lo vives siempre cada año,
de eso va la vida.

La vida que es como un cirio
que con el tiempo se derrite,
como el recuerdo que viviste
pues sólo pasó al olvido.

La vida es la razón
por la que todos luchamos,
la vida es lo que llamamos
un sólo corazón.

La vida ya es destino,
la vida silencia inerte,
la vida tan sólo suerte,
la vida la elegimos.

Mi vida se resume en un pensamiento eterno que nunca dejará morir mis días.

Vivo

Vivo ceñido entre las creces
que mi pecho sediento emana,
vivo siete días por semana
y la esperanza desvanece,
vivo pues cuando reaparece
algún recuerdo ya sufrido,
vivo deseando ser querido
por todos, con decoro de aster.
Vivo, mas aprendo del ayer
y de todo lo que he vivido.

No mires la vida como una rutina, mírala como un reto.
Si te cansas del reto, piensa en tu muerte y sentirás la vida.
Mas si te sientes agotado de vivir, descansa, pero no te rindas.
Recuerda que "la vida es… un sólo corazón".

CAPÍTULO 21

SOLEDAD

17 de septiembre de 2009.

Es muy triste sentirse solo cuando no ves con quién compartir tu presencia, para los que en algún momento les toque a la puerta esta amarga experiencia, ya sea una o más veces, tan solo sean géminis en cada día de soledad.

Un alma desolada

Concurrido ser
con plenas emociones,
distinguido de todos
por como es,
se siente un fantasma,
pues hace la idea
que nadie lo mira,
quiere que lo amen
para sentir que vive
y dejar la nostalgia
que se le apodera.
Se consume con fragancia
en un baño de flores
con más espinas que pétalos,
se resume en el dolor
todo su pasado,
amedrenta a su corazón
con ánimos por el suelo
para sentir algo más
que no sea tristeza.
Decaído rostro que inspira
lágrimas endebles,
pero que causan daño,
cree en un cielo

que sólo su mente entiende
y busca nubes grises
para compartir sus sufrimientos,
es testigo de su reflejo
cada mañana preguntando
el motivo de su desgracia,
mas se siente culpable
de un destino alarido
donde su vida
es un laberinto sin derechas,
se hunde en un mar desconocido
que no tiene fondo
y acompañado de una melodía
triste que no tiene fin,
aún tiene fuerzas
y escribe su dolor en un papel
para que, aunque sea Dios,
sepa lo que lleva dentro,
sus sueños se desvanecen
cada día y las esperanzas
rebotan en su pecho,
suspira y suspira
porque está cansado,
pero no se rinde,
pues sabe que tiene un alma...
Un alma que puede volar.

Que la soledad no angustie lo que eres hoy, si ayer fuiste feliz, mañana lo recordarás.

¿Por qué me abandonaste?

Recuerdo cuando ausentaste,
¿qué sucedió?, ¿quién fui?
Cuando por pena un día vi
el daño que me causaste,
en una historia un desastre,
en un enigma un desvelo,
silencia Dios, calla el cielo,
¿por qué me abandonaste?

Si tú fuiste para mí
la respuesta que no tenía,
tú me entregaste la vida
 más los deseos de vivir,
contigo yo siempre fui
el renacido de los muertos,
pues el amor lo dejaba yerto
y por ti lo reviví.

Tú me hiciste comprender
cómo empezar de nuevo,
lo que antes dejé luego
y que nunca terminé,
me enseñaste lo que sé
y lo que estoy aprendiendo,
creí que nada es eterno,
todo se puede romper.

Aprendí que todo amor
trae una llave esencial,
que siempre va a llegar
para abrir el corazón,
sediento como calor
forjado en ardientes fraguas,
que no se enfría con las aguas
donde se baña el dolor.

Provocaste en mí el susto
que dobla mi tentación,
porque tú eres la razón
por la que entonces sufro,
siendo del agua el gusto
que tanto necesito,
por eso te suplico
amor, me quieras mucho.

Te pido con pasmo esmero
que estés siempre a mi lado,
para sentir que gano
la presencia que más quiero,
y si algún día raudo muero,
poder tomarte de la mano
y sentir cautivo que valgo
en lo que a la muerte espero.

Y en mis últimos instantes
decirte lo que siento,
que eres del aire el viento
y todo cuanto agazape,
que eres tú mi fiel amante
dueña de mis fantasías,
acosadora de mis días
con salvaje amor delirante.

Mi dulce néctar parlante,
musa, cascada en emociones
y aunque no hallé las intenciones
de ese corazón chispeante,
o ¿por qué me abandonaste?
Nunca olvidaré aquél día
que sanaste mis heridas
y con todo te entregaste.

30 de noviembre de 2008.

Quizás todos hemos llorado por errores cometidos, yo fui protagonista de uno que no olvidaré, hice sufrir un amor que tenía, una persona especial y por mi falta de razón me dolió más a mí. En aquellos momentos fui como un volcán en erupción, mis ojos eran el cráter de éste.

Mi corazón llora

Una lágrima por mi mejilla,
mi pensamiento se vuelve frági
ly como si de la palma el dátil,
derramo otra en mis labios de arcilla,
probando el gusto salobre en silla
sentado a penumbra en mi propia fe.
Mi cuerpo finado perdió la sed
y mi alma no espera quiere partir,
porque mi corazón llora por ti,
pero ya tú no te acuerdas de él.

Momentos antagónicos que inefables se disuelven en nuestras mentes y por eso siempre quedan allí, retazos inolvidables.

CAPÍTULO 22

INOLVIDABLE

11 de diciembre de 2010.

>Amor con risa, amor con deseo, amor con miedo
>ha de sentir el verdadero corazón,
>pero sentirse vivo, ésa es la razón.

7 de febrero de 2011.

Nunca se olvida

Un día no muy lejano
cuando sea muy feliz,
dichoso, yo estaré ahí
mirándote en vano,
soñaré que estás aquí
olvidando que soy malo
y agarrándote la mano
recordaré lo que perdí.

Una historia que contar,
un mensaje a la deriva,
un recuerdo sin cabida
que me pudo adoctrinar,
y es que en esta vida
de pasiones en vendaval,
he tenido que aceptar
que el amor nunca se olvida.

6 de octubre de 2010.

> Quererte mucho es poco, amarte poco es mucho,
> te amo, pero no quiero y te quiero porque te amo.
> Mis sentimientos son confusos,
> si amarte fuese un error estaría equivocado toda la vida
> y si para errar tuviese que beber agua, moriría de sed.

9 de febrero de 2011.

Una lágrima de cariño puede consolar la tristeza del corazón.

Lágrimas de un encuentro

Después de mucho tiempo
sin tocar ni ver lo que adoran,
sienten que es el momento
de recordar lo que abandonan.

Dos planean encontrarse
con bastantes detalles,
porque quieren amarse
después de un largo viaje.

Se ven nublados a lo lejos
y corren el uno al otro,
para entregarse con anhelo
dos enamorados rostros.

Un abrazo informal
con gran cariño presente
y descubren que es real
lo que la nostalgia siente.
Apelan a muchas lágrimas
que los aparentan tristes,
pero son hermosas láminas
con alegría y amor se dice.

Lágrimas de un encuentro
con tristezas muy distantes,
sonrisas al descuento
en posición delirante.

Con miradas y desesperos
no saben qué decirse,
pero en el lugar con aprecios
ambos logran sonreírse.

Lágrimas de un encuentro
son tristes y felices,
que llegan siempre al centro
del corazón y sus raíces.

Quien más deseas es quien más te hace llorar, por felicidad o tristeza, siempre habrá una razón.

10 de febrero de 2011.

A Danay:
Te conocí en dos noches y provocaste en mí la atracción que no había sentido en mucho tiempo. Fuiste una sílfide caída del cielo, y a pesar de que escuché algunos rumores de ti, no me importó, porque te deseaba y aunque sabía que no debía quererte, no pude evitarlo. Es que hablar contigo era interesante, mirabas atenta cada gesto que hacía, escuchabas sin pestañar cada palabra insignificante que se me ocurriese, el aroma de tu cabello hacía que me acercara cada vez más a ti, tu piel me inspiraba a muchos besos afortunados y ese baile tan sensual que me fascinaba, hacía que me olvidase de todo lo negativo en ti, pues para cuando lo confirmé, ya me había vuelto malo yo también.

29 de noviembre de 2008.

El agradecimiento es una virtud que fluye de un recuerdo sin esfuerzo, recuerda siempre lo que alguien hizo por ti y sentirás tu deuda.

2 de febrero de 2011.

Los días pasan, la tristeza no, el remordimiento goza con el dolor. La muerte es insípida comparada con el llanto del alma. La nostalgia es fuerte cuando el recuerdo es débil y más aún, acompañado de lágrimas que sobrepasan el límite de la cordura. La felicidad se vuelve contra mí en torno a la tristeza, pues la vida siempre me ataca con sus antónimos.

17 de septiembre de 2010.

Calmar mi mente

Bebo para librar mis penas
y olvidar mis antojos,
para evadir esta condena
de sufrir con mis ojos,
porque no valen lo que pesan
las lágrimas que broto,
o fuesen más grandes las presas
y el mundo inmenso de oro.

11 de febrero de 2011.

No se olvida el pasado, no se olvida el presente,
no se olvida el milagro, tampoco lo ausente;
no se olvida lo alegre, no se olvida lo triste,
no se olvida lo que eres, ni lo que fuiste.

CAPÍTULO 23

SOÑAR

19 de octubre de 2011.

De estar dormido y estar muerto hay una diferencia, dormido puedes soñar, los muertos no sueñan. Soñar es hermoso, pues en tus sueños puedes alcanzar incluso hasta lo imposible y eso es mucho, aunque por muy poco tiempo, porque vivo al fin... despiertas.

19 de mayo de 2009.

A Claudia:

Ayer te vi

Ayer te vi...
Caminabas en el aire
bajo nubes grises,
grises de lágrimas
que en años lloré
y ahí se aglutinaban.
Estabas serena
dentro de aquel
agujero negro
rodeado de un garrafal
bosque de acanto y flores,
en el que un día me hallé.
Tu sublime rostro
se desvanecía
en la intensa niebla,
resaltaban tus ojos
como estrellas en la noche,
y la intranquilidad
de tu cabello indómito
hacía más fuerte al viento.

La respiración palpitante
por mis nervios
me hacía pestañar mucho,
y te perdía,
pero aun podía sentir
ese olor a flor de primavera,
tu aliento agitado por mi presencia,
y tu fina voz tartamudeando
mi nombre.
En un instante
se detiene el tiempo,
ya no gira el mundo,
ya no hay viento,
ya no salpica la lluvia;
estamos solos tú y yo,
ahora te veo,
se cruzan las miradas
pero no chocan,
tú no me ves;
resalta el brillo de tu piel
como miel en vaso de cristal
y todo se torna mustio alrededor.
¿Te vas alejando o me alejo yo?
No puedo llegar a ti,
lo siento,
abro los ojos
y no puedo hallarte,
mas todo lo vi en un sueño, ayer te vi…
Te vi en mi sueño.

Sueño dentro de un sueño que sueño con mi felicidad, ¡qué lejos está mi deseo! Pero al menos sé cómo es.

21 de junio de 2011.

De pies a cabeza

Mujer de mis sueños,
hoy te vi y en mi corazón te llevo,
cómo olvidar detalles de ti
que eres un ser perfecto.
Sus piernas son un señuelo
que descartan su piel,
deseos dan de comerlas
y dejar para después,
combinan con sus caderas
de curvas muy distantes,
un caminar existente
como modelo de pasarela,
su cuerpo ondeado me recuerda
a las olas del mar, inquieto,
inmenso, inexplorado,
quisiera yo ser el bajel
que en él pueda navegar,
sus senos son como montañas
en el aliciente llano,
de lejos resaltan
y de cerca lo más alto,
sus manos son hechas
de la más fina y suave seda,
tenerlas sujetas en las mías
hace que mi alma medra,
su rostro encantado
te deja absorto al instante,
ojos grandes,
vista de hechicera
con mirada absorbente,
labios como la fresa
escoltados por una sonrisa atrevida,
cabello lacio y libre
que seduce hasta la brisa,

¡y qué voz aquella!,
que por ella se identifica,
deja a todos alelados
suspirando un beso en su mejilla.
Ella sabe que la miran
y más modela,
¡qué traviesa la chiquilla, qué traviesa!
Mas su pensamiento es maduro,
sólo se aprovecha como todos
de lo que le da el mundo,
sus acciones son buenas
aunque sus costumbres no,
dejar esto de problema
sólo lo resuelvo yo, sin más,
ella tiene sentimientos
y los demuestra,
pero el que sin pensar revela
es el desenfrenado amor,
ella es la de mis sueños,
la de mis fantasías,
la que tanto anhelo
para toda la vida,
ella es la más buena, sí,
y recalcar quiero
que en mi fantasía nocturna,
pues mujer buena no hay ninguna,
sólo en sueños.

11 de junio de 2011.

Un sueño nocturno:
Estoy en una parada de ómnibus recostado a una columna en medio de dos más; pensativo ¿quizás…? El entorno no es muy común, el lugar está exánime, frente a mí una calle de pavimento muy negro y algo agrietada, resalta su división por una franja amarilla intensa; el cielo está totalmente tapado por nubes grises, como si estuviese a punto de llover. Puedo ver muy a lo lejos, mas todo es llano acompañado de un sutil campo de trigo que apenas llega a mis rodillas y se pierde hasta último punto de vista, en el aire se deslizan hojas marchitas arrastradas por la brisa; el ambiente está algo frío, pero no como para temblar. El día es mustio y yo casi tedio ¿qué hago aquí?, o ¿hacia dónde voy? Mirando a los lados para no ver nada impelo a mi alma a caminar, después de un rato a paso lento y sin saber cuánto recorrí llego a otra parada, me detengo en vacilar, me siento con manos a la cabeza, me levanto cabizbajo, paro en el centro de la calle y miro al cielo buscando una señal en mi pensamiento, pues para mi sorpresa era el mismo sitio de antes. ¿Dónde están todos?, o ¿por qué no hay nadie? Ya casi perdía las esperanzas cuando pasa una mariposa, llamando mi atención corro hacia ella todo cuanto pude, y tan cerca llegué, que extendí mis manos para agarrarla, pero me detuve, pues ya sin sorprenderme noté que algo más faltaba, no veía mis manos, tampoco mi cuerpo. ¿Cómo podré ver a alguien si no me veo a mí mismo? Sosteniendo la pesadumbre en el pecho sólo me quedó ser positivo y tomar la experiencia una vez más, y fue cuando todo comenzó a tener color, porque sin ver nada pude encontrarme yo. Me pregunto cuántos deben andar por ahí buscando qué mirar, cuando en realidad no se ven a sí mismos, pero la verdadera pregunta es: ¿cuándo pasará esa mariposa por ellos?

>Soñar despierto, es soñar deseando,
>soñar dormido, es soñar tus deseos.

CAPÍTULO 24

CREER

9 de diciembre de 2008.

Saber hacer trampas no es para nada un mal, es arte; envidia ha de sentir el que de palabras se excusa para criticar al tahúr.

16 de julio de 2011.

La vida son dos
D.Y.D., las siglas que dijo Cristo,
significa la balanza de la vida,
no es leyenda ni mito,
es una realidad que medra
al alma que lo crea,
es el resumen del destino,
la respuesta para todo,
es el bien y el mal,
el cuerdo, el loco,
la luz, la sombra,
el veraz, el capcioso,
la luna, el sol,
la vida, la muerte,
el castigo, el perdón,
es un secreto que descubrir,
muestra no dos, sino tres caminos
y una decisión sin reversa.
Existen muchos ejemplos
con distinto hado,
un hombre asesinó colérico
sin razón ni motivo alguno,
y su alma lo pagó
con el dolor y el castigo;

una mujer brindó su ayuda
sin interés ni ganancia,
pero a alguien
que no lo merecía,
y para su suerte
su alma también pagó,
como si el mismo
asesino fuese.
Hay que ajustar la balanza,
ser bueno y ser malo,
en mucho y en poco,
pues sólo justicia vale;
entonces sólo existe
un consejo para no ser aciago,
encender una vela para Dios
y otra también al Diablo.

22 de octubre de 2011.

Siempre es bueno creer en algo superior a ti, que sientas esté contigo y te dé el poder, para después creer en ti y lo que eres capaz de hacer.

4 de julio de 2011.

Creer

Creo en la luz
así como en la oscuridad,
porque están vigentes, aun intocables,
creo en ángeles y demonios
así como en policías y delincuentes,
hay leyes injustas,
crímenes con razón;
el paraíso está en el cielo,
en un cielo que no es éste,
el infierno está bajo la tierra,
en una tierra que no es ésta,

o ¿es la tierra el infierno?
Y el hogar de los oscuros
tiene otro nombre.
Creo en religiones,
en la ciencia,
en buenos asesinos
y malos sacerdotes,
creo en el agua, el fuego,
en la vida, la muerte,
la resurrección y lo divino,
en lo mágico y lo natural,
en la ardiente noche que permanece
por siempre
y en el álgido día que desvanece
y se va.
Creo en la traición, el perdón,
en virtudes y defectos,
en el odio, el cariño,
y por excepción,
no creo en los vivos,
sólo en muertos,
porque los vivos mienten, muertos no,
¿y saben por qué creo en todo esto?,
creo en todo, principalmente
porque lo digo yo.

7 de julio de 2011.

Las palabras me inspiran, los hechos y los recuerdos.
En el hogar de un inteligente, muchos libros.

Bitácoras de un anacoreta
Está un hombre famélico
y algo medio raro,
con mensajes inéditos
vistiendo de harapos.

Una persona más de este mundo
que lleva a cuestas su despecho,
todos desmienten al infortunio
que sólo procura los hechos.

Impíos; ¿por qué no creer
al hombre que cree en algo?
Si lo que ha de valer
es la pintura y no el marco.

Lo juzgan por su apariencia,
también lo toman por loco,
su corazón lo amedrenta
a tener que luchar solo.

El beato sigue casi inerte
y tras la vida anda ileso,
a veces escucha la muerte
crujiéndole sus fríos huesos.

Es bueno el predicador
aunque nadie lo aclama,
pues sabe que existe un Dios
que le cuida y que le ama.

Creo en lo que digo porque sale de mi pensamiento, creo en lo que escribo, en lo que soy y lo que fui, y porque no creer en ello, es no creer en mí.

CAPÍTULO 25

DÍAS

5 de diciembre de 2008.

Muchos días lindos, muchos días feos, y uno… uno que nunca olvidarás.

Un día mustio

Se dispone a llover,
todo muy gris y mustio,
como el momento injusto
que siempre va a volver.

El día ya se vuelve tétrico,
se escucha una voz tiple,
el dolor de la sílfide
parte de un llanto esotérico.

Un hombre ateo, sin amor,
entra a la iglesia,
trae flores fucsias
pero no tiene perdón.

El clérigo y sus palabras,
un alma digna falleció,
la culpa no la perdonó
ni el cielo con su algazara.

Existen días tristes en los que te encuentras solo, son esos días en los que tu única compañía pudiese estar en tus recuerdos y así entraría en juego la más clásica de las reflexiones, que si pudiésemos virar el tiempo, se cambiarían muchas cosas.

25 de julio de 2011.

Antes que el día estalle

Por la traición de las nubes,
un día triste sucedió
que no vi salir el sol;
la alborada no fue costumbre,
promulgándose el derrumbe
de la luz que marchitó,
fue ese día roto en que yo,
sollozo de mi pesadumbre,
descubrí como se descubre
un llanto sin intención.

Remedio: la melancolía,
mi tiempo se volvió antaño,
los segundos fueron años
por cada lágrima que caía,
el mundo me cayó encima
como absurdo en arma glacial,
aun yo sin poder aguantar
todo lo que ya gemía,
pues mentir ya me dolía
y si callaba dolía más.

Así que insistí en atinar
para que mi suerte cambiara,
sin darme cuenta de que era cara
y sin poder amilanar,
la agria muerte para cobrar
la deuda de mi vida,
pues hallé que no existía
la cura ni resurrección,
para poder salvarme yo,
cuando vi morir el día.

13 de junio de 2011.

Hoy es un día especial para mí, es diferente, ayer tenía una edad, de pronto hoy no la tengo. Es mi cumpleaños, no hay fiesta, pero hay regalos, no estoy muy alegre, pero me felicitan, no hay sorpresas, pero hay cosas nuevas, y así, ya casi se acaba el día. El tiempo pasa volando, aunque a veces se arrastra, porque me faltan seres queridos que ahora mismo no están; rodeado de gente me siento solo. Lo bueno de cada día es que no todo permanece grabado y es que en ocasiones necesitamos olvidar fragmentos de nuestras escenas o saltarnos algunos capítulos en la vida; sí, lo mejor de mañana es que será como si nunca hubiese sido hoy.

25 de octubre de 2011.

Un poema de amor ¿quién no lo guarda?

28 de abril de 2011.

Yelena en mí
Un día te vi de lejos, pero te ignoré,
otro día se repitió y de pronto me fijé,
provocaste en mí un gran destello,
desde entonces, te miro cuando no me ves
para no mostrar que te quiero.

Contigo todo puede ser,
pues me alimento sin comer,
me haces temblar sin miedo,
mi cuerpo suda sin arder;
viviría en el infierno.

No existe una nube modesta,
el cielo se tornó una fiesta
donde rebozan con ilusión,
pues Cupido apuntó su flecha
directamente a mi corazón.

Imaginando como besas
siendo yo sapo y tu princesa,
he de sufrir en el cuento,
pues yo sufro, aunque no lo sepas,
sufro porque no te tengo.

Siempre observando; tú sentada,
estabas ahí, sola y callada
viendo los alrededores,
¿qué era lo que tanto buscabas?
Mi sílfide ¿acaso amores?

En mí tú eres casta Yelena
lo que crece, mas no se frena,
cúspide en mi corazón,
pues el vacío nunca se llena.
siempre cabe más amor.

6 de octubre de 2010.

>Eres mi amanecer en cada mañana,
>eres mi primer sueño en cada noche,
>eres todos mis días.

CAPÍTULO 26

FANTASÍA

De 2008.

Cuéntame lo que menos sentido tenga tu vida, pues esa es la única razón para vivir; de la fantasía.

16 de julio de 2011.

Mi mundo

Cierren los ojos, silencio por un instante,
sujétense a lo más loco, pero bien cuerdos,
pues de eso trata mi doctrina,
les mostraré todo;
el curso de mi fantasía,
porque ésa es la llave,
bienvenido a mi mundo.
Mi mundo es parecido a éste
pero con muchas diferencias;
la gente muere si desea,
pues sólo tienen que creer,
aunque no basta si no lo entienden,
para vivir necesitan sentir
y abandonar los falsos deseos.
En mi mundo prevalece la justicia
por encima del bien o el mal,
quien miente por necesidad
está bien justificado,
la verdad no tiene excusas
para ser reprimida,
y no existe poder más fuerte que el ego.

En mi mundo tiene sombras el cielo
porque llueve casi todos los días,
pues sólo sale el sol
para tapar la nostalgia,
y cuando gritan las llamas
del fuego vivo, quizás no sea catástrofe,
sino que tapan con cenizas
el llanto de las nubes.
Mi mundo es mi estancia
y mi único consuelo,
en él yo demuestro
que uno más uno son tres,
pues el hombre y la mujer
crean al tercero.
En mi mundo igual que éste,
las flores muestran sentimientos,
abundan en colores con fragancias diferentes
y son el plato principal
de quien come con los muertos;
el círculo casi cierra, pero no termina,
pues siempre hay una abertura
para llegar o salir,
y de ti depende el final,
si eres de pétalos o espinas.
El agua calma la sed, pero también mata,
no existen sonrisas falsas
aunque lágrimas sí las hay,
mi mundo dice que sin dos no hay uno,
sol y luna forjaron la tierra,
de la luz y la oscuridad nacieron las sombras,
de mi mente y mi alma creció mi mundo,
que luego será universo.

Mi mundo es de los que brilla
y se ampara por ser distinto,
no existen todos los defectos
y aunque mantiene algunos,
se opaca comparado a éste
porque hasta lo triste es lindo;
analicen mi mundo,
inscríbanse en mi terna,
quienes lo puedan sentir
a él podrán llegar,
mas no se arrepentirán,
pues la acepción de mi obra
les hará vivir,
una imaginación eterna.

4 de noviembre de 2011.

Para cambiar este mundo, primero hay que cambiar a muchas personas.

Si muero… no iré al cielo ni al infierno, tomaré de la mano a Dios y con la otra al Diablo, e iremos a mi mundo, donde reinarán conmigo los dos.

CAPÍTULO 27

TEMOR

4 de noviembre de 2011.

Amedrentarse, no tiene sentido cuando existe la voluntad, el valor y un camino.

7 de julio de 2011.

El adefesio

En un castillo colosal,
en lo más profundo y críptico
ve un ser antónimo de belleza,
alguien que le teme a la vida
por ser como es, diferente,
¡y se esconde!,
donde nadie lo encuentre,
es listo, seguro,
analista de lo lógico,
pero de tanto saber no entiende,
¿por qué es así su mundo?
Él tiene corazón
y por eso más le duele,
que necios injustos marchiten
lo que arrastra en su presente;
no es feliz,
pero lo intenta,
vive en vísperas del amor
y que alguien le quiera,
pues si en algo tiene fe,
es que tras la noche
siempre hay un día,
y que perder las esperanzas
es también perder la vida.

1:52 AM

5 de noviembre de 2011.
El miedo te hace fuerte cuando sientes que perderás a alguien.

13 de julio de 2011.
La herida
Hoy desperté con un recuerdo,
tú me apartaste de tu mundo,
causando en mi vida un profundo
estrago sin pacto ni acuerdo,
siendo principal en el cuento
luché irascible ante la ironía,
escribiendo a mano mi poesía
un cruel drama nada jocoso,
y sin perturbar el acoso
seduje indeleble el alma mía.

Cuando más te necesité
no sabes cuánto me heriste,
alguna vez me quisiste
pero yo siempre a ti te amé,
azotado por días lloré
matando el silencio vivo,
y aguantando los estribos
descubrí que la nostalgia
tiene su propia fragancia
como una flor en olvido.

A mí mismo enfrenté
e incapaz me comprendía
y gracias a mi agonía
 ahora despertaré,
todos los días sin fe
dejando rastro el hedor
de la muerte con dolor
que se reía de la herida,
pues después de amplia vida
ésta nunca se curó.

5 de noviembre de 2011.

A veces tenemos miedo de dar un paso más en nuestras relaciones amorosas, quizás para no fallar o evitar reacciones adversas, pero ese temor es importante. Un amor sin miedo no es verdadero amor y serás recompensado por eso, conocerás un sentimiento mucho mejor, lo gratificante que es sentir la sensación de haberlo superado victorioso.

1 de julio de 2011.

Recorrer tu cuerpo

No quererte a ti
es profanar mis versos,
¿y cómo podría inspirarme
si mi vida es eso?
El cariño que te tengo
es lo que me hace avanzar,
pues me sujeto de un sueño
que no me permite dormir;
tenerte siempre a mi lado.
quiero explorar los lindes
de tu ignoto cuerpo
sin cohibirme de nada,
recorrerlo por sus andares,
y sin amedrentarme
descubrir todos sus secretos.
El amor que siento por ti
está escrito en el códice,
pues la historia sabe que existo,
y que me enamoré de quien
para mi es la más bella, inquieta;
mi sílfide,
amor de cielo y primavera.
No tengo respuestas
a mis preguntas,
he de subirme en el ábside
de la iglesia más alta,

para preguntarle a Dios
lo que el destino nos propone,
pediré fuerzas también
para encaminar mi alma,
profundizar tu cuerpo,
¡y amedrentarme no!
¡Valor sí! , para recorrerlo,
porque me pones de nervios
aunque no soy débil,
pero al tratarse de ti
se me olvida la sed,
se entrecorta la respiracióny se eriza mi piel solloza.
¡Ay! Tu cuerpo,
suave como pétalos de flor,
imagino a lo que sabe,
de él germina un fruto
que vuelve adictoy no existe cura ni delirio
capaz hacerlo olvidar,
tu cuerpo tiene talento,
enloquece y turba
al más pasivo,
pues yo fui uno de esos
y ahora le tengo vicio,
y aunque no soy perfecto,
con él no quiero equivocarme,
porque no hay peor camino
que el incorrecto,
por eso le exijo a la vida
que no deseo un corazón,
yo quiero tener dos
y reunir más voluntad
para explorar tu sacro cuerpo,
¡y amedrentarme no!
¡Valor sí!, para recorrerlo.

1:30 AM

CAPÍTULO 28

PERDÓN

En 2008.

El acanto engaña a la flor más hermosa del jardín, crece y la cubre, pero no por protección ni cariño; ella confía, las espinas de éste se entierran tan suavemente en sus pétalos que no percibe el mal. Acanto son muchas personas que te abrazan y luego te apuñalan.

4 de marzo de 2011.

Culpables de no amar
Una lágrima mía cae en tu rostro
y otra tuya cae en mi pecho,
lloramos abrazados por un sentimiento,
lloramos por algo que no vemos.
Tú eres víctima de lo que ya eres culpable,
tus palabras son como el viento;
pasa imprudente, deja rastros que duelen,
eres una rosa sin espinas
porque las llevas por dentro.

Fuiste la penumbra sin luz alrededor,
la pasión llegó a su fin
y abrió las puertas el placer,
no te gustan las sorpresas
y adoras el suspenso,
por ende tu historia es un cuento
que no tiene verdadero final.
También llevo mi sentencia,
a escapar no voy,
soy culpable, aunque con razón,
pues incluso cuando miento
también digo la verdad.
Mi delito es quizás ser muy enamorado,
son testigos mi corazón
y los ángeles que arriban,
mas sé que no soy perfecto
y me equivoqué primero,
pero tú debiste comprender
mi error inoportuno,
el arrepentimiento y la sinceridad
cuando todo lo dije,
antes de atacarme impune
y volverte un cuchillo de doble filo,
usando el mismo camino por el que yo
casi desbordo, mas tuve cuidado,
pero tú endeble no pudiste controlar,
y me lastimaste tanto,
que te heriste a ti misma.
Yo te mentí para que no sufrieras
más de lo que sufriste
y fui sincero al menos
al decirte que no era buena mi alma,
pero tú silenciaste hasta el final.
Se corrompió la confianza;
el eslabón más frágil de la cadena,
hasta que llegó a su fin
tocando suelo los corazones,

quizás en otra vida
nos podamos entender,
descubrir la verdadera pasión,
pues en ésta fuimos inherentes
culpables de no amar los dos
y qué más pudiera decir
que no supieses tú,
sólo queda despedirse,
hasta la próxima vida, mi amor.

En 2008.

La amistad es invisible, no sabes quién es amigo hasta que tienes un problema.

5 de marzo de 2011.

A veces nos sentimos incapaces de amar, pero peor aún, a veces no sentimos.

La dama que no sabe amar

Quien dice que no sabe amar
la princesa de las calles,
que no es acaso amor pagar
por sentir más de lo que hace.

Para engañar tiene talento,
para fingir la mejor,
su falsa vida es cien por ciento
un Oscar en actuación.

Su ego desenfrenado es sabio
cuando la tristeza le choca,
¿para qué besos en los labios?,
si el amor no entra por la boca.

Pensar como ella es absurdo,
querer actuar lo es más todavía,
porque amar no está en su mundo,
mucho menos en su fantasía.

4 de marzo de 2011.

El perdón puede llegar a ser vacío, tanto para el que lo pide como para el que lo da.

Perdón

Lamento herirte tanto
pues sé no lo mereces,
me duele verte en llanto
aunque no lo aparente.

Reconozco mi error
porque me siento afligido
y de todo lo peor
es sentirse arrepentido.

Te idolatro más que a todo
por encima de mi piel,
a pesar que por mi modo
haya sido yo el infiel.

Entiendo que me adoras,
pero deseo opuesta tu acción,
pues todos me perdonan
y yo no merezco perdón.

16 de agosto de 2011.

Depende de la razón o el motivo; el perdón a veces no es más que otra oportunidad para que se equivoque el indultado.

2:10 am

CAPÍTULO 29

OPORTUNIDADES

27 de octubre de 2011.

Las oportunidades vienen y van, te brindan decisiones, sentimientos y recuerdos, sólo que todo es por una sola vez, pues la oportunidad es eso, una para siempre.

3 de julio de 2011.

Sin miedo a herirme

En palabras se resume
lo que en años no logró,
el alma que tengo yo
y me toca por costumbre,
siendo el dolor la cumbre
de la pena que perdió,
pues mi llanto se mostró
cuando menos lo pedía,
pero no me sorprendía
que a mi orden no escuchó.

Mi mundo con mi fantasía
se unen en la pesadumbre,
mas el tiempo me seduce
quitándome horas del día,
se entromete melancolía
entre furia de espadas,
medidas despiadadas
de esencia introvertida,
vivir feliz la vida
es sólo cuentos de hadas.

Oda al alma inoportuna
de la desdicha inconsolable,
vida insatisfecha, inefable
de recuerdos en la luna,
mirar lo chico con lupa
no hace grande el decoro,
un desliz de trasfloro,
pensamiento en guerra,
yo por ser de piedra
rompo arduo lo que adoro.

Frente al trono impune abolí
pues soy culpable iluso,
a mí mismo me acuso
porque el futuro absorbí,
al convertirme en adalid
de un herido corazón sin susto
y franco como el fracaso adusto
que me mantuvo aciago y sano,
comprendí que soy bueno y malo,
pero también memorable y justo.

28 de octubre de 2011.

A veces no aprovechamos las oportunidades, las dejamos correr, para luego y muy tarde darnos cuenta de que no vuelven.

23 de abril de 2011.

Mi furia

Enfadado y sin comprender ¿por qué?
Este dolor conlleva a frívolas manos,
mi cuerpo abrupto está hastiado de sed
y como mis manos se vuelven mis actos.

Mis cristalinos ojos están cansados,
la vista no me permite ver,
mi corazón con enojo esta encharcado
porque es muy triste perder la fe.

En contra de mi voluntad caminé
por el nido de la añoranza,
cuando en una de mis pestañas hallé
una lágrima en plena danza.

Escribo por desahogarme,
desato mi furia en poemas,
llega la semana entrante
y sigue el mismo dilema.

28 de octubre de 2011.

No sólo esperes la oportunidad, también dásela a otros.

11 de marzo de 2011.

Se quiere a una persona cuando realmente quieres que sea feliz.

18 de abril de 2011.

Te quiero Lisset

Te conocí para conocer el miedo,
para arrancar mis pasiones,
para sentir todo lo que nunca siento
creando nuevas emociones.

Te quiero más que a todo
porque nada se compara a ti,
eres mi gran tesoro
y mi única razón de existir.

Tus gestos disuaden al inexorable,
incluso al corazón más cruel,
indudablemente hasta el inexpugnable
que no se deja convencer.

Tu cuerpo; universo inexplorado,
deja mudo a quien lo bese,
muchas veces tenue lo he tocado,
pobre el que no lo ludiese.

Contigo se abre el mágico mundo,
los peces vuelan, los gatos nadan
y todo se vuelve cuerdo y absurdo
aunque se presenten volando hadas.

El tiempo, más rápido de lo normal;
nuestra cordura va desenfrenada,
el amor ficticio se convierte en real
con promesas y algo más que la cama.

Tu belleza me desorbita
y tu encanto me acelera,
mi corazón siempre palpita
cada vez que estás tan cerca.

Eres la reina de mi reino,
prisionero de tu ensueño,
la diosa que alabo en mi cielo,
la princesa de mis sueños.

En el castillo tu ciervo,
en la cárcel orgulloso tu esclavo,
en el cielo tu cordero
y en mi sueño tu príncipe encantado.

Mi límite está en tu voz,
¿qué más puedo, qué más puedo?
Te traería el mismo sol
si me lo pides entero.

Te lanzaste como leña a mí
haciendo mi fuego intenso,
el amor que siento por ti
no lo tapa el universo.

Tú me incitas a reír
entre besos y caricias,
saboreo todo así
y tus labios, ¡qué delicia!

Pero de sonrisas hablemos
a la hora del murmullo,
pues gracias a la tuya tengo
lo más bello de mi orgullo.

Esta pasión sin fin que siento
no es casual porque la intuyo,
pues cada mañana despierto
magnánimo de ser tuyo.

Si me quieres no lo sé,
eso sólo lo sabe Dios,
pero te quiero Lisset
y eso te lo aseguro yo.

Eres lo que nunca he tenido, nunca, y lo que siempre he querido, siempre.

28 de octubre de 2011.

La vida es una guerra, lucha por la vida,
la vida es una música, baila con la vida,
la vida es una oportunidad, aprovecha la vida.

CAPÍTULO 30

SENTIMIENTOS

19 de octubre de 2009.
Te deseo, eres mi motivo de felicidad, eres del día el sol que me ilumina, no hay mañana sin ti, no hay vendaval que me arrastre porque me sujeto en mis pensamientos de tu imagen, gobiernas todas mis fantasías; en resumen, eres mi vida.

A Eliana:

En cada mes

Veintiocho de septiembre
día en que risueño te conocí,
mis ojos son sólo para ti
desde ese día por siempre.

En octubre yo quisiera
que tú me quisieras más,
y decirte que me das
lo que nadie más pudiera.

Que noviembre sea
el mes que me desees
y el alma que posees
siempre en luz me vea.

Que por diciembre me extrañes
como a nadie en este mundo,
no me dejes ni un segundo
y que siempre me acompañes.

Y que empiece un año nuevo
con enero y sus destellos,
para que todo sea bello
como pólvora en el fuego.

Que en febrero te enamores
de palabras y caricias
y recordar con sonrisas
esos meses anteriores.

Que sueñes conmigo en marzo
y me tengas en tu mente,
pues sentirás que se siente
lo mismo que un fuerte abrazo.

Que para abril me prometas
que tú nunca me olvidarás,
para poder amarte más
y cumplir con nuestra meta.

Siempre dime la verdad
o moriré desairado
y verás que el mes de mayo
muy lejos me llevará.

En junio quiero confianza
y que me lo digas todo,
para no sentirme solo
demostrándonos alianza.

En julio quiero palabras
que nos llenen de alegría,
y vivir de fantasías
en un mundo de esperanzas.

En agosto quiero besos
que duren constante tiempo,
para saber que te tengo
por muchos años bisiestos.

Y que en septiembre recuerdes
el día que nos conocimos,
y celebres que cumplimos
un año de amores fuertes.

20 de octubre de 2009.

Mis emociones dependen de ti ahora, no me lastimes el corazón ya que lo tienes.

Eliana

Bendita la noche aquella
en que te conocí,
llovía y no había estrellas en el cielo
porque se bastaba sólo contigo
y yo, desde que vivo,
no he visto mujer tan bella.
Amor mío sólo te pido
que me quieras,
mas nunca olvidaré
la primera vez que nos besamos,
llegaste a mi corazón
como nadie llegó a él.
Eliana yo te quiero
y espero que lo sepas,
tú eres lo mejor que me ha pasado
y desde entonces no he podido
olvidarte ni un segundo,
provocándome suspiros
en cada minuto del día,
me gusta el olor de tu cabello
y lo respiro abundante,
me encantan tus ojos verdes
y tus labios finos,
eres la buena luz
que me guía a lo correcto,
eres lo que siento cuando estoy muy feliz,

pues apareciste cuando todo estaba oscuro,
levantándome hasta el cielo
estando inseguro de mí y mis decisiones.
A ti apelo porque me diste la vida,
estás en mis fantasías y todos mis sueños,
tú eres cada día
la reina de mi universo,
Eliana tú me inspiras
a muchas caricias y abrazos,
tú eres un vaso de agua
en el medio del desierto,
eres el aliento que necesito,
el impulso, más que el café expreso
que tanto vicio le tengo.
Quisiera con mil palabras
decirte lo que siento,
pero no alcanzarían, faltasen,
porque es demasiado grande el sentir
y muy pequeña mi poesía.

2 de noviembre de 2011.

A veces nos vemos obligados a escribir todo lo que sentimos a través de una carta, para dársela a la persona con quien queremos desahogarnos, pues no podemos hacerlo de frente, porque se nos olvidan las palabras.

Fragmentos de la carta a Eliana el 21 de enero de 2010.

Eliana:
Perdóname cada palabra que te ha hecho sufrir y el hecho de no hacerte feliz en cada momento, pero es que a veces necesito decirte lo que no te digo al instante y me guardo para luego. Perdóname que te recuerde tu pasado causándome dolor a mí también. Perdóname cada lágrima que has derramado por mi culpa, pues yo me ahogo en ellas. Perdóname las peleas, los engaños, las traiciones, en cuestión no siempre sé lo que hago, pero por sobre todo, yo te amo.

Si me ves angustiado no me preguntes, sólo abrázame, pues a veces me duele el pensamiento y sólo me alivia tu cariño. Quizás no te demuestre cuánto te amo, soy experto en eso.... Te necesito mucho, tanto que no puedo dejar de pensar en ti ni dormido, pues te veo en mis sueños.... En fin, tú eres el eclipse que ha estado esperando mi sol por mucho tiempo, tal vez no sea la mejor vía para demostrarte lo que llevo dentro, pero te diré algo, cada palabra sale de mi corazón.

Con mucho amor.
Solo y...

Créeme Eliana

Sentir que tú me crees
es lo más grande para mí,
pues contigo seré
lo que con nadie nunca fui.

Eres de cada beso
el sabor a la alegría,
dando placer inmenso
a las horas de mis días.

Tu olor domina,
gozo de ti, ¡ay, Eliana!
Cuánto me inspiras
con tu piel de porcelana.

Contigo es largo el destino
pero muy corto el momento,
son firmes nuestros caminos
pero pasa volando el tiempo.

Me consuelo con saber
que algo te he demostrado y es que te amo mujer
más de lo que te he hablado.

Que salga del escenario
la magia hacia tus manosy que escribas en tu diario
la fuerza con que te amo.

2 de noviembre de 2011.

A veces la amistad de un hombre y una mujer es tan fuerte que la confundes con algo más, pero debes darte cuenta de que vale mucho más esa amistad, que un sentimiento no decidido.

Carta a Camila el 7 de febrero de 2010.

Querida Camila:
Al fin sentirás lo que siento yo cuando pienso en ti. Tú me inspiras a construir la amistad y el amor en áreas de debacle absoluto, gracias por darme la esperanza de eso cuando creí que no podía. Pudiese escribir mucho de ti, porque eres agradable, divertida y simpática, me gusta hablar contigo, es acogedor, pues el brillo incitante de tus ojos atrae muchas palabras. Tu belleza me distrae un poco, y con razón, porque sobrepasa el límite del universo, créeme, no exagero, es cierto. Tu aliciente cabello es lindo hasta decirlo, el viento debe estar orgulloso de poder tocarlo cuanto se le antoje, y tu sonrisa… tu sonrisa creció de la semilla más perfecta, del fruto más dulce, del árbol más frondoso, pues aliña mi razón cuando me regalas una. Nunca estés triste por amor y alégrate de sentirlo, porque el amor es vida y la vida es un reto que no todos enfrentan, mas si te mantienes fuerte, verás que al final del reto siempre hay premios. Sin más que decirte, se despide con un beso.

Solo y…

22 de febrero de 2010.

El beso

Labios que se humedecen,
boca de carne y pasión,
gestos con el corazón
de dos seres que se entienden.

Los ojos están bien cerrados,
el alma también lo es,
caricias, no hay desdén,
sólo amor con amor pagado.

Una mano en la cabeza,
la otra está intranquila,
son helechos de la vida
que se enredan con belleza.

Labios que se frotan
con dulzura y atavío,
un camino sin desvío
que al miedo escotan.

La humedad de sus cuerpos
inspiran a más besos,
del encanto son presos,
del deseo son los ciervos.

El alma pues se calienta
como máquina de vapor
y sienten interno el ardor
del aliento que los tienta.

El beso es algo bello,
es eterna cascada de ego,
el beso para nunca es luego,
el beso es un destello.

Labios que se resecan,
boca insípida y sin aunar,
la muerte no va a parar
a dos seres que se entregan.

20 de octubre de 2009.

Quisiera soñar contigo cada noche, para despertar feliz cada mañana.

28 de enero de 2010.

Tengo poco que decirte y mucho para demostrarte…
Carta a Eliana el 12 de febrero de 2010.

Mi flor:
Cada letra de esta carta está hecha con formidables trazos de pasión, pues con pasión lo hago todo cuando pienso en ti, ya que con tu néctar de sentimientos me has logrado inyectar en la raíz de mi corazón, alimentando la semilla que aún está creciendo en éste.
Cómo explicarte que eres la idea garrafal que yace en mi pensamiento cada alborada, que tus labios saben a la misma fresa, que tu cariz y deslumbrante actitud condimentan mi alma. ¿Sabes por qué te regalo tantas flores? Pues para mí, además de tener otros significados, son un tributo a no pelear, a estar en paz, entendernos y es lo que quiero para nosotros. Mi amor por ti es un cirio en mi corazón que nunca se apagará, siendo tú el lazo ígneo que lo mantiene encendido, mi amor por ti es una duna que no se desmorona, porque el viento siempre la forma y el viento eres tú. Debo decirte que mi pecho guarda tras él una cajita cerril que bombea cada segundo, porque está llena de sentimientos esotéricos por explorar, algunos con una luz tenue que no dejan penumbras, y otros oscuros, pero que dejan sombras… Sombras con filos cortantes de espejos, que reflejan el interior de un ser alarido con ánimos de lágrimas en estado pluvial. Por eso debes comprender que he hallado el

amor en ti, pero con pequeños retazos hechos de pensamientos que me hieren y hacen de mi corazón una cajita mustia, pero que puede germinar con el tiempo. A veces elegimos un camino ignoto con esperanzas de un cambio y es lo que me sucedió, decidí adentrarme en tus senderos y mi vida cambió, pues me enamoré.

Sólo me queda decirte que mi espíritu es fuerte cuando retiene mucha ira, pero cuando se libera me debilita, con esto te pido el último perdón, por cada momento que he sido soez contigo, por las veces que has sufrido por mi causa, sólo espero que algún día puedas hacerlo. Con una flor y más que amor.

Solo y…

22 de febrero de 2010.

> Aunque mis días se nublen,
> aunque mi cielo no tenga estrellas,
> aunque silencie por amor;
> debes saber,
> que mi sol eres tú,
> que las estrellas las tengo yoy que con palabras no se dice
> lo que habla el corazón.

19 de octubre de 2009.

"…no hay mañana sin ti…"

CAPÍTULO 31

NOCHE

La noche es la dueña de muchas mentes, ella manda, inspira, nos concierne; a veces nos dormimos, en otras desvelados. Dormidos nos da en sueño lo que nos tiene, pero despierto nos da lo que queremos.

17 de septiembre de 2010.

Noche sin dormir

Noche de frecuente desvelo,
noche bella y estrellada,
noche donde el inmenso cielo
inspira ideas calladas,
noche escondida por su velo,
noche adicta sin cuna,
noche en la que no piso el suelo
pues ya estoy en la luna.

Noche oscura por instinto,
noche viva para muertos,
en la noche no hay caminos
pues debemos estar quietos,
noche al azar sin destino,
noche que tengo mis dudas,
noche hostil en la que el vino
hace que mi rabia eluda.

La noche, abrumador abismo
en la que te envicias despierto,
al final duermes consumido,
porque sueñas tu sufrimiento
con un fragante e inerte estilo,
mas es doble el castigo iluso;

la noche es un cuento perdido
con un buen final inconcluso.

Noche, manantial de ideas porque yo bebo en ella, pues calma la sed de mi mente.

7 de noviembre de 2011.

Aprecia tu vida, valora tu alma, cree en ti, en tu palabra, quiérete a ti mismo, sé tu amigo, tu edil, tu esperanza, aférrate a tus sueños, entiende que eres de este mundo, que tienes un objetivo y que por todo eso eres así.

26 de noviembre de 2011.

Oda a mí mismo

Después de lo que he pasado,
pruebas de la vida,
obstáculos del destino,
me inclino ante mi doctrina
para quererme a mí mismo
y sentirme feliz.
Yo soy un alevín
en esto de la poesía,
pero no soy amorfo,
yo me siento docto
y lleno de fantasía,
no dejo que me turben
mentes más débiles,
mi vida iría en declive si así fuese,
camino tras de mí
aunque no oiga mis pasos,
yo sé que ninguno es falso
y que mis huellas están ahí.
En mi obra están mis desafíos,
quisiera dejar mi alcurnia,
y no es por abulia

que no muestre mi albedrio,
pero me escondo tras un libro inédito
que refleja la realidad;
oda a mí mismo
por ser un héroe antes de tiempo,
con atisbo, yo encuentro
en todo momento
donde se esconde la verdad.
Oda a mí mismo
porque mi odio se convierte en amor,
como la harina en pan,
como el agua en vino,
se sabe a dónde va,
Se sabe quién lo hizo.
Oda a mí mismo
por ser de tantas mujeres,
y que con cada una tiene
un hermoso idilio.
Oda a mí mismo
por ser como soy,
soy el que ama, el que quiere,
el que no perdona, pero entiende
al que eligió un mal camino.
Oda a mí mismo
porque soy el que enseña,
el que acucia a sembrar,
construir sin temor, crear,
el que da un sabio consejo,
pues yo ahora mismo soy un creador
por hacer esto,
manteniendo un vendaval
de pasiones inmensas,
que me inspiran a obrar
más de lo que aspiro.
Oda a mí mismo
porque soy el escritor de las noches,
el de la musa nocturna

o de días nublados,
soy el que canto, el que crece,
el que vaga entre redes que desata mi ego.
¡Oh, cielo! Mírame,
que yo esté bajo de ti
no significa que valgo menos,
mas yo soy el que observo,
el que admira,
el que reconoce en todo lo bueno,
porque hasta en lo malo hay algo positivo.
Oda a mí mismo
por escribir mal este poema,
donde obvio la licencia métrica,
porque es libre y tiene rimas
pero eso marca diferencia.
Oda a mí mismo
por escribir este libro,
donde muchos no aparecen
porque ya están conmigo,
pero no es el fin.
Oda a mí mismo
por escribir con imaginación,
novelas, cuentos, poemas,
todo lo que siento
y por arriesgarme a perder
más de lo que tengo.
Oda a mí mismo
por conquistar un talento
con estudio y esfuerzo,
porque soy avaricioso,
pues para mí lo mucho es poco
y no me conformo.
Y oda a mí mismo,
porque el final de cada libro
será el comienzo de otro.

2:03 AM

9 de noviembre de 2008.

En este mi libro quiero llegar al corazón de cada persona y hacerles entender la clave de mi camino, por eso he titulado cada capítulo con una palabra que resume el contenido de éste. Parte de mi vida está escrita en estas frases y poemas; mis creencias, mis sentimientos, mis ideas, y otras vidas ajenas, de las que he aprendido.
Cada detalle de este libro procura mi diferencia, todo es mi inspiración, hasta la posición de cada palabra, y como todo en mi vida, aquí se resguardan secretos bien ocultos. En fin, "El diario de las frases" lógicamente expone con propósito treinta y un capítulos, o sea treinta y un palabras, porque es la suma de mis gustos, defectos y virtudes en distintas etapas de mi vida.

6 de noviembre de 2011.

Tras una alborada alegre siempre hay un atardecer excitado, luego viene satisfecha la noche y yo termino así.
"…Vive de cada frase y aprenderás…"

Yahvexill Across

FIN

www.ingramcontent.com/pod-product-compliance
Lightning Source LLC
LaVergne TN
LVHW091557060526
838200LV00036B/878